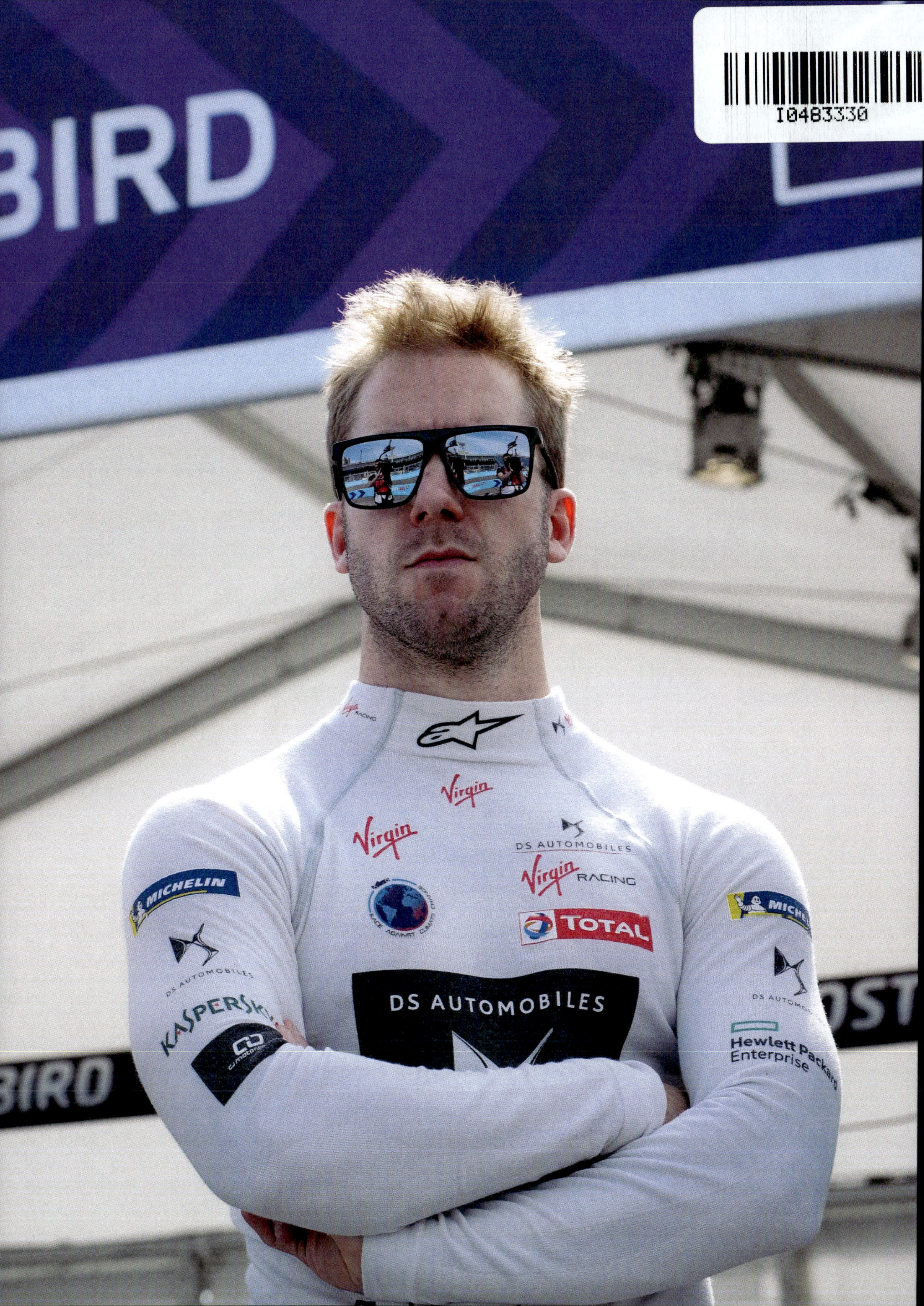
BIRD
Virgin
DS AUTOMOBILES
Virgin RACING
TOTAL
MICHELIN
DS AUTOMOBILES
Hewlett Packard Enterprise
BIRD

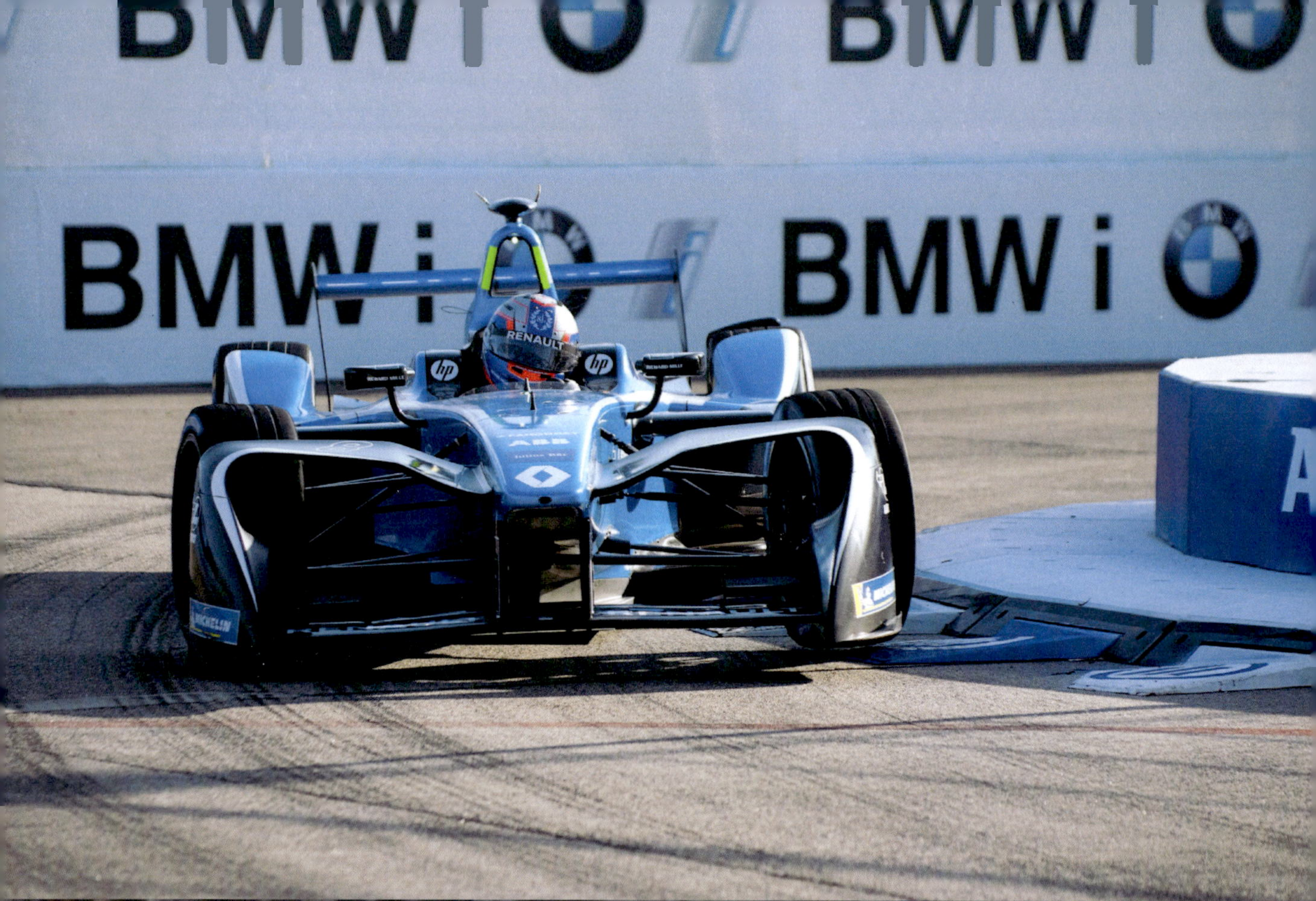
BMW i
BMW i
RENAULT
hp
hp
ABB

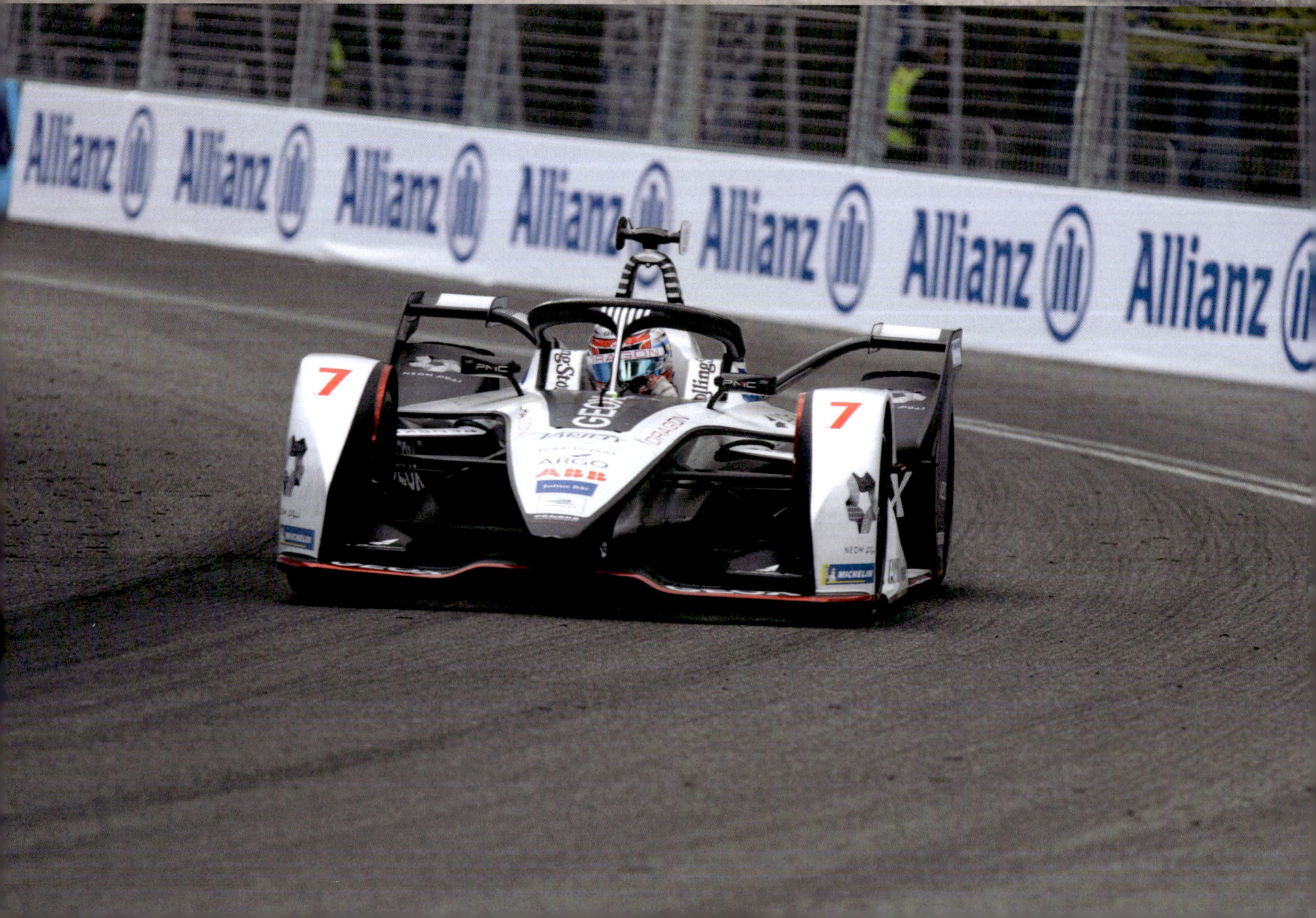
Allianz
7
7
ABB
ARGO

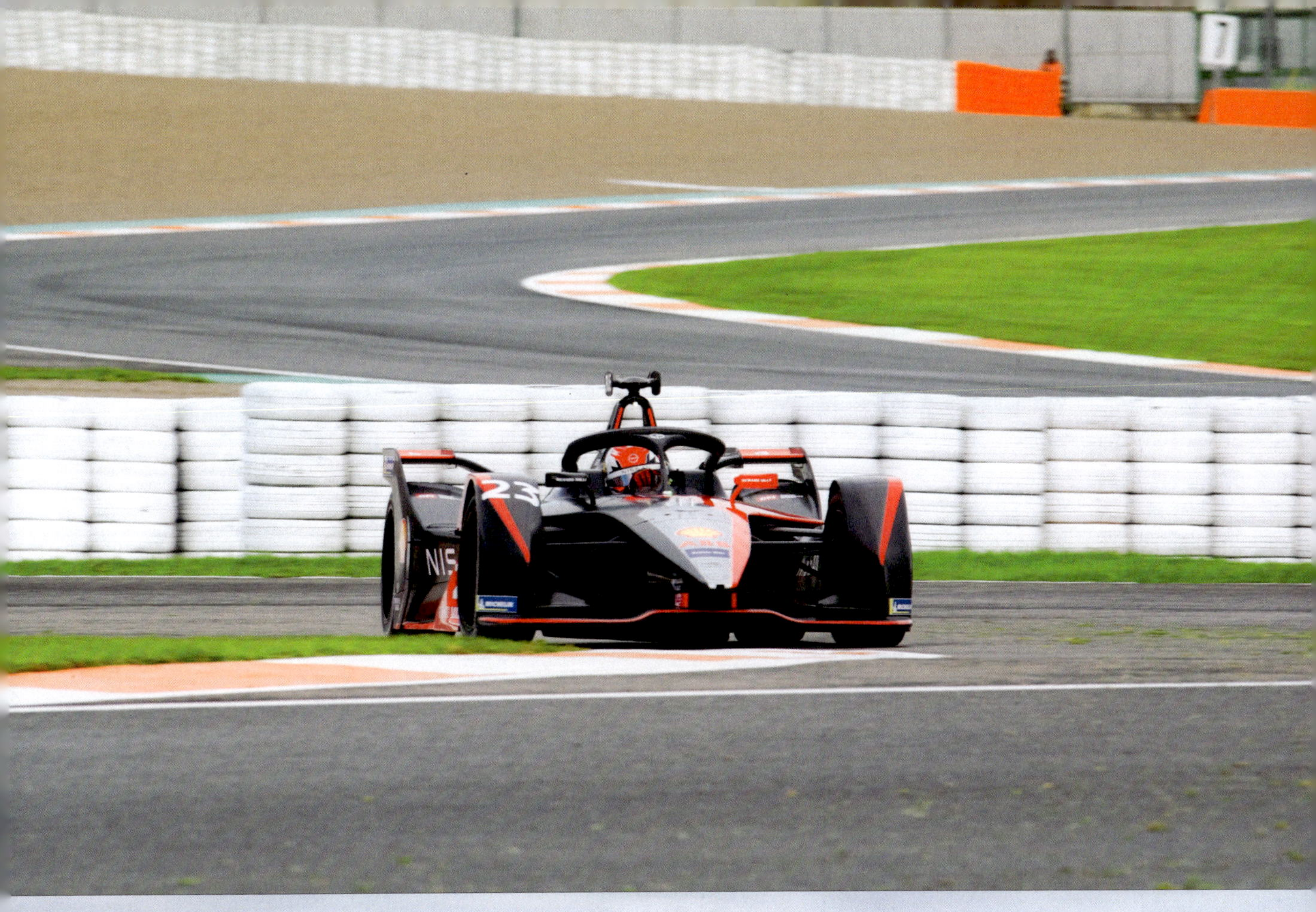
23
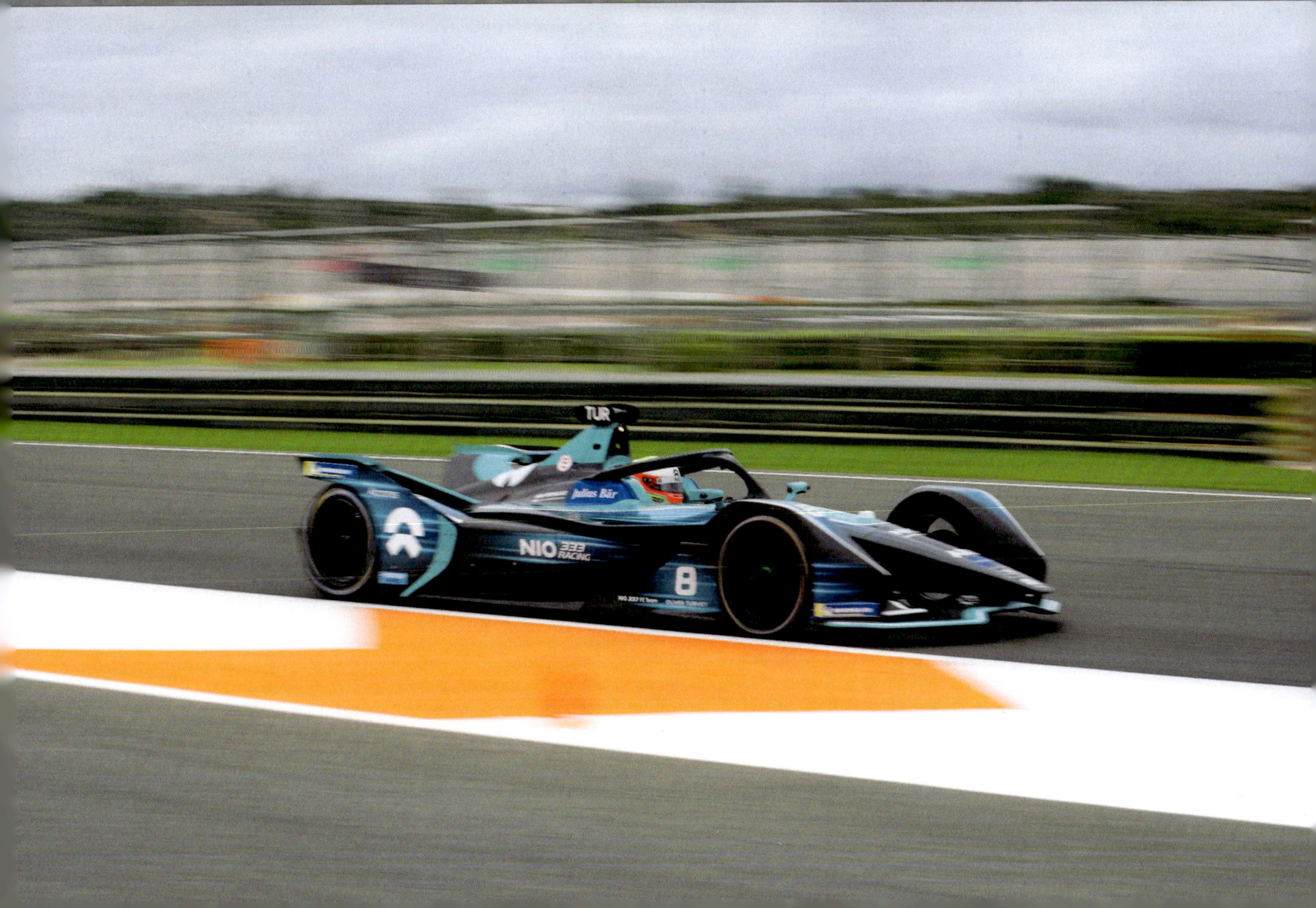
TUR
Julius Bär
NIO 333 RACING
8

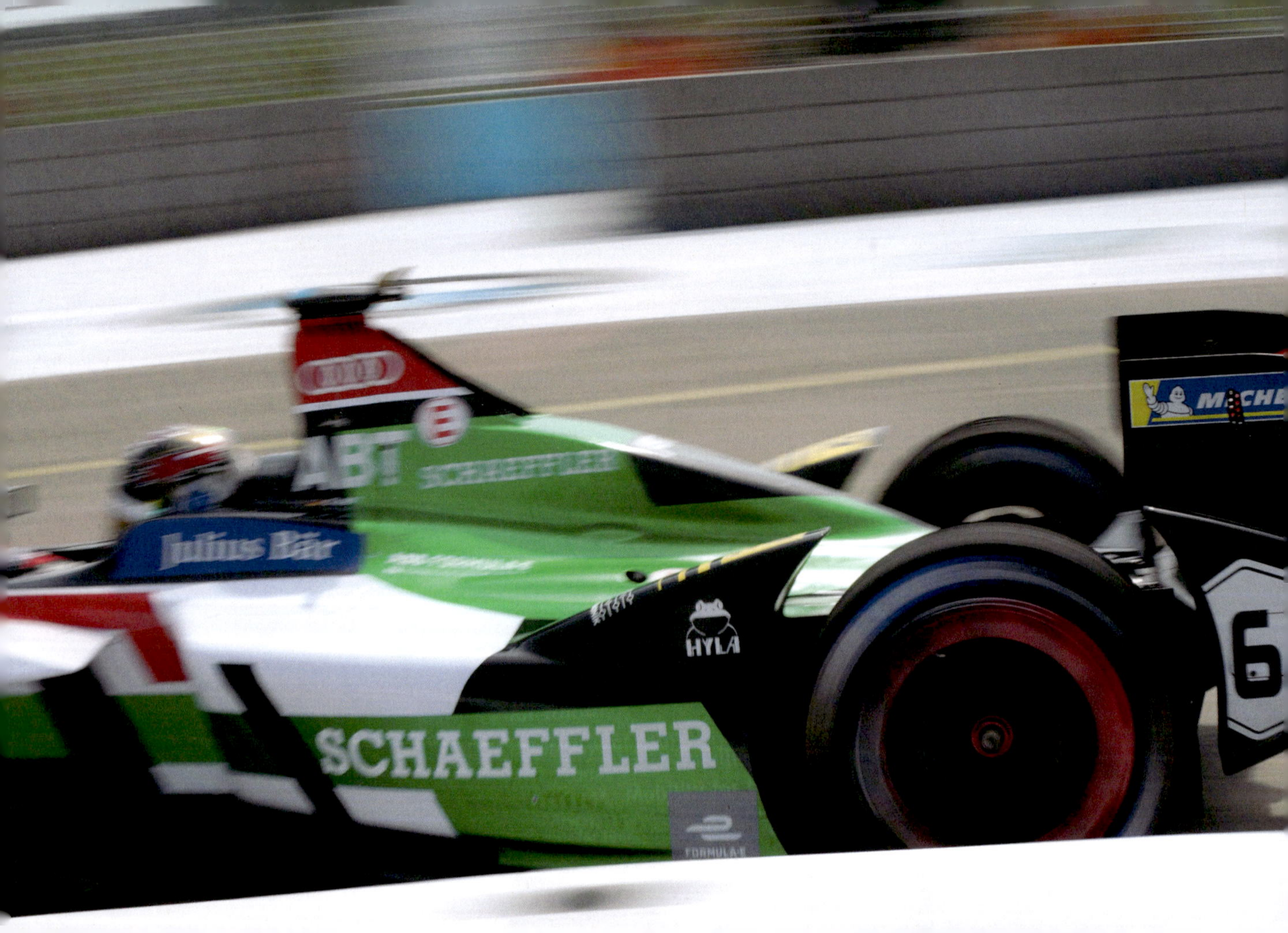
ABT
SCHAEFFLER
Julius Bär
HYLA
SCHAEFFLER

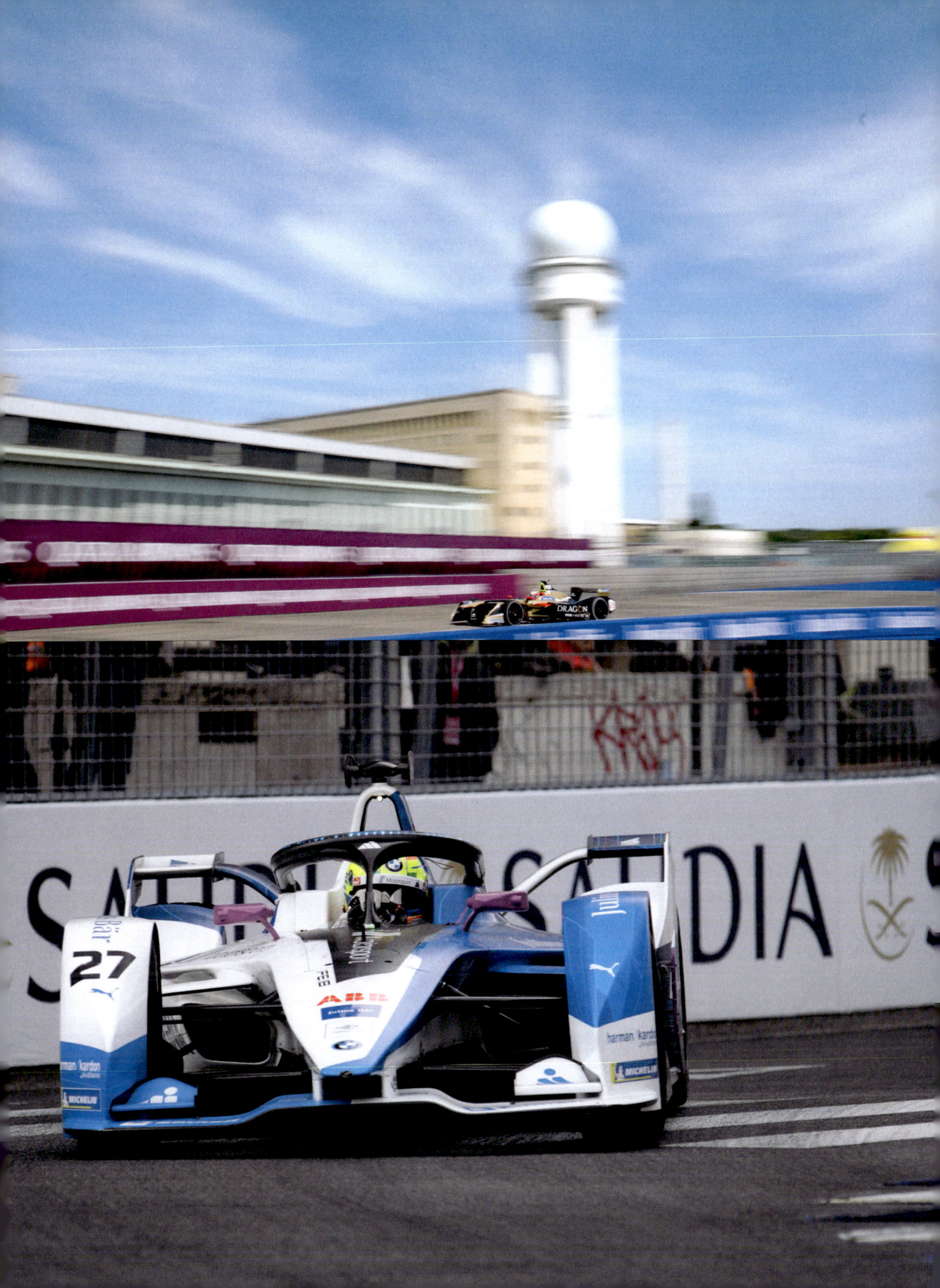
DRAGON
27
ABB
harman/kardon
MICHELIN

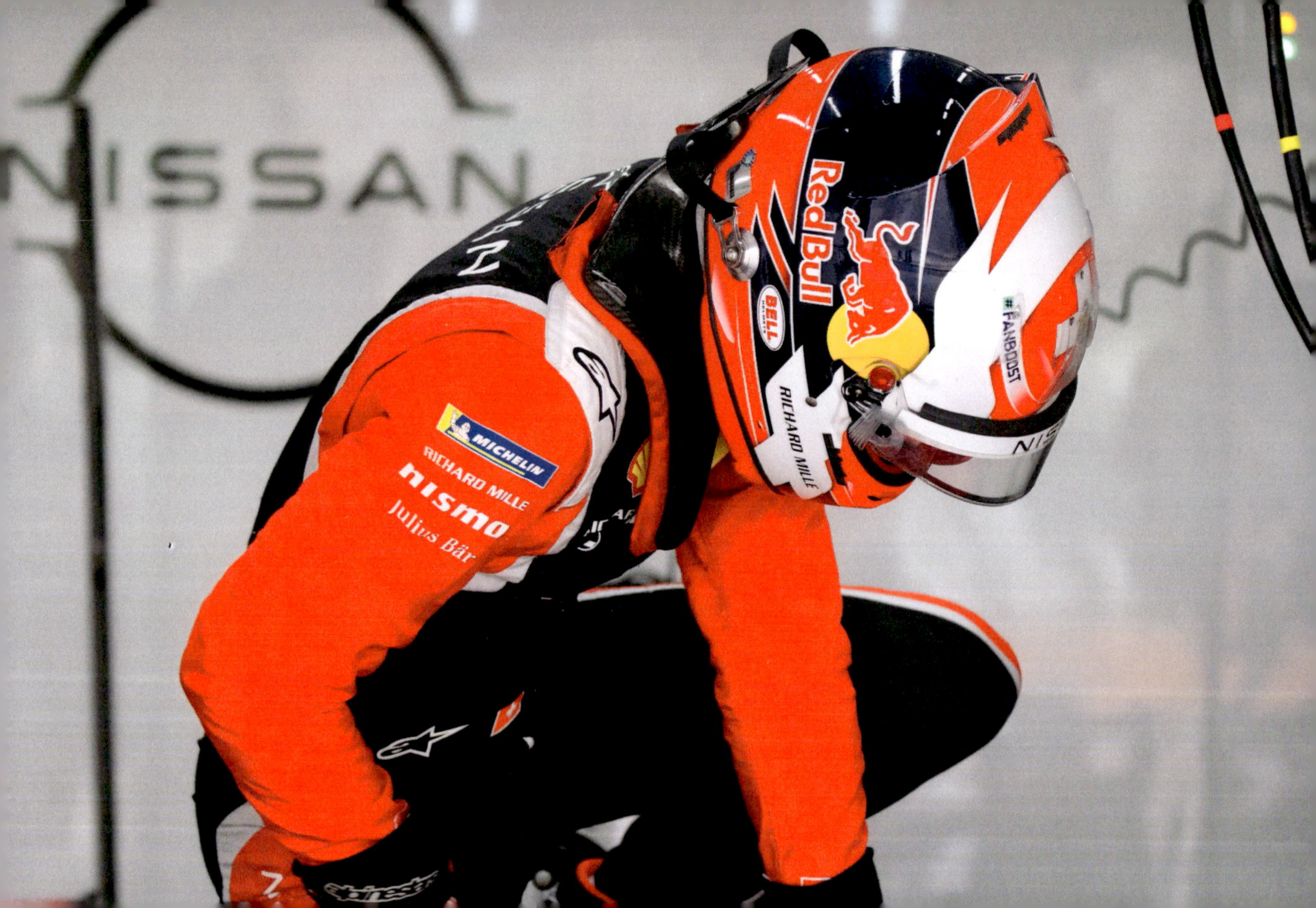
NISSAN
Red Bull
BELL
RICHARD MILLE
#FANBOOST
MICHELIN
RICHARD MILLE
nismo
Julius Bär

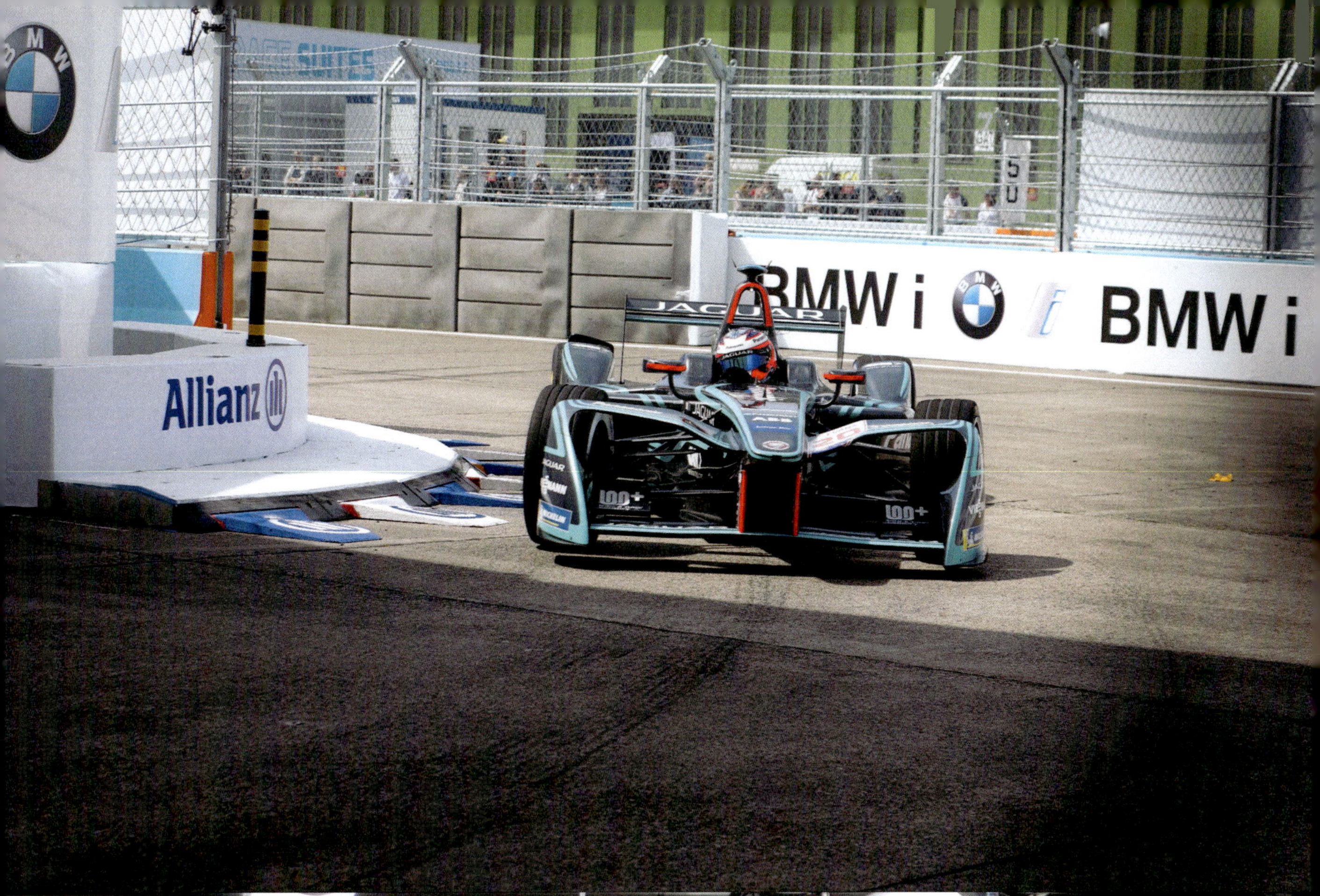
BMW
Allianz
BMW i
BMW i
JAGUAR

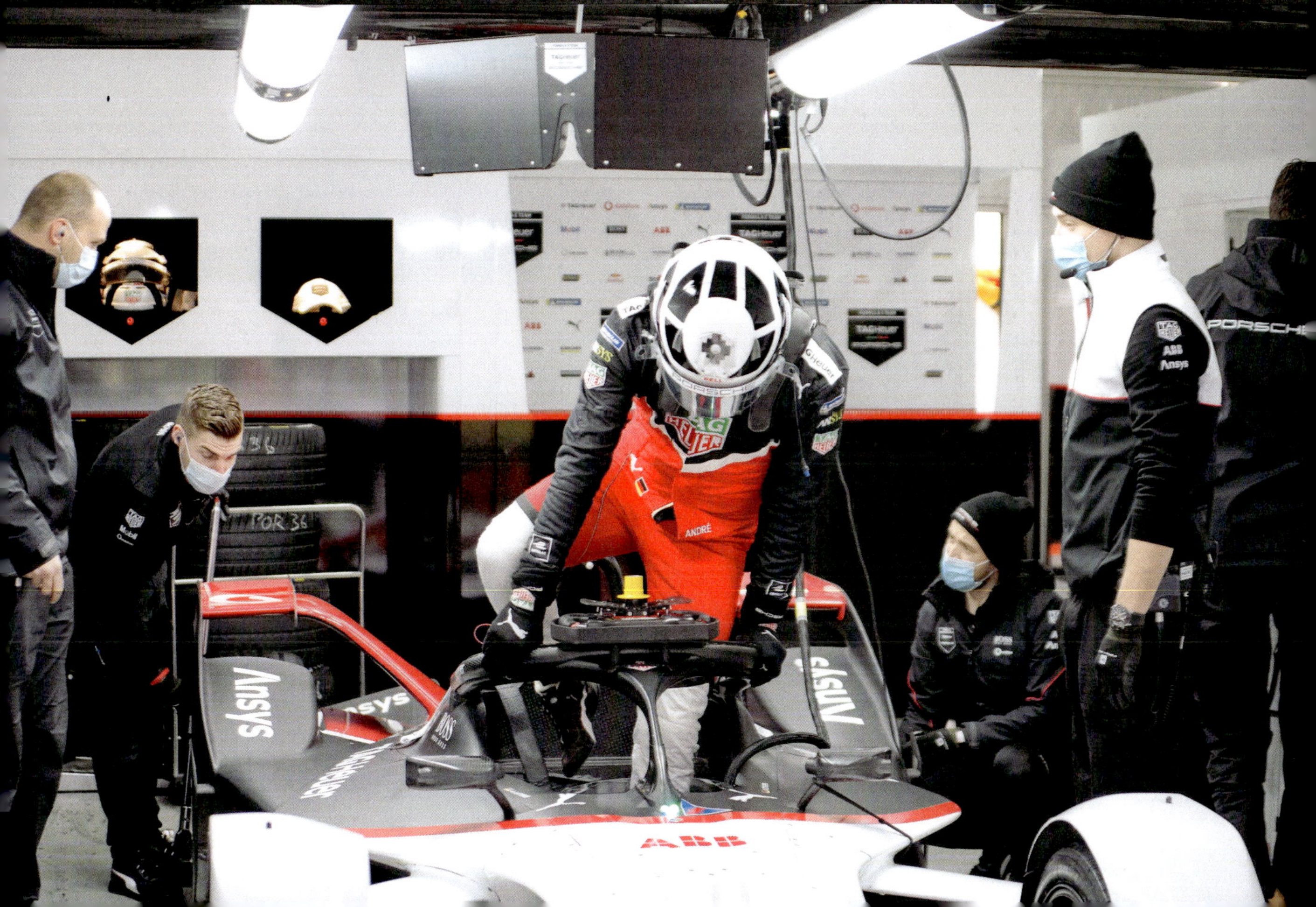
PORSCHE
TAG HEUER
ANDRÉ
Ansys
Ansys
ABB

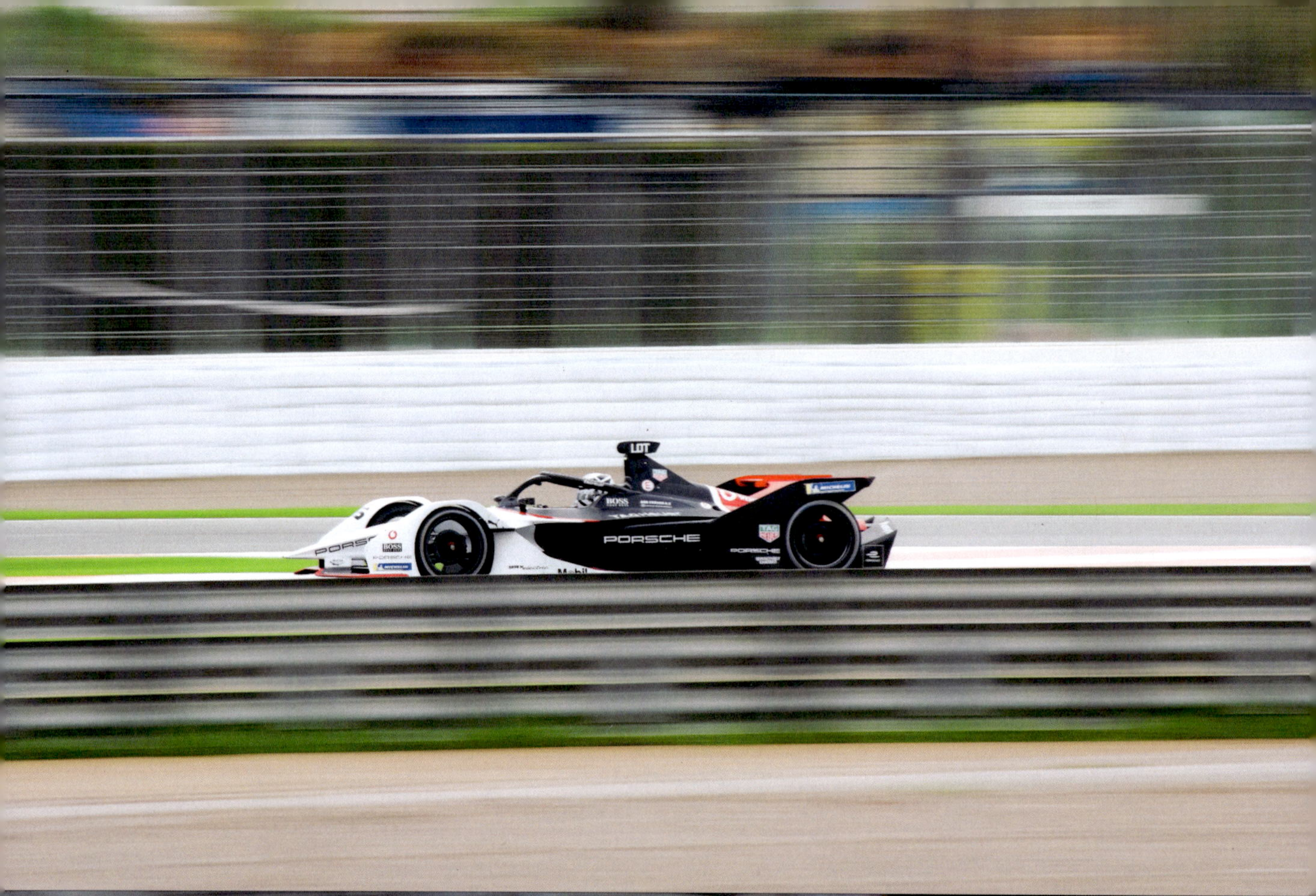
LOT
PORSCHE
BOSS
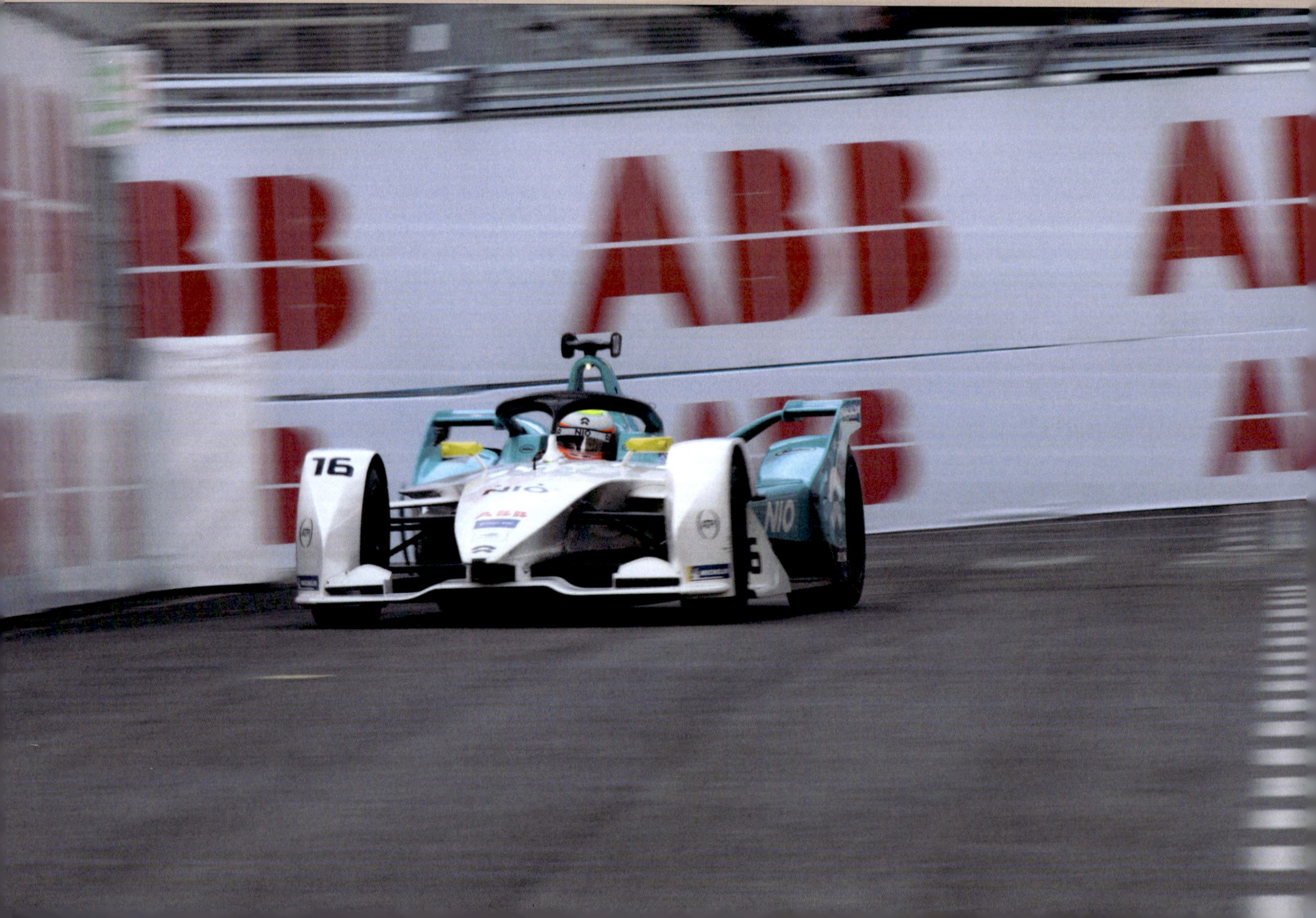
ABB
ABB
16
NIO

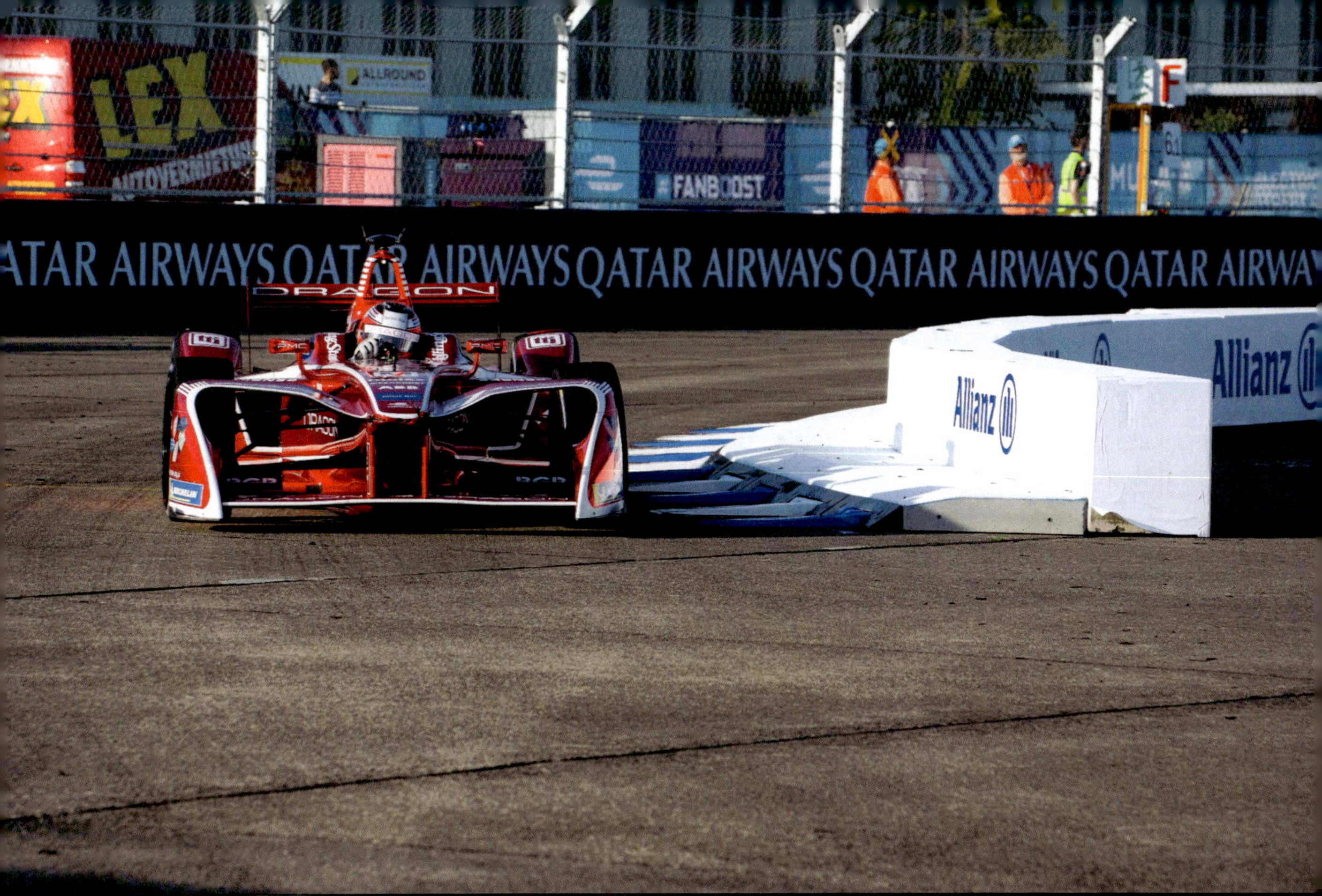
QATAR AIRWAYS QATAR AIRWAYS QATAR AIRWAYS QATAR AIRWAYS
DRAGON
FANBOOST
Allianz
Allianz

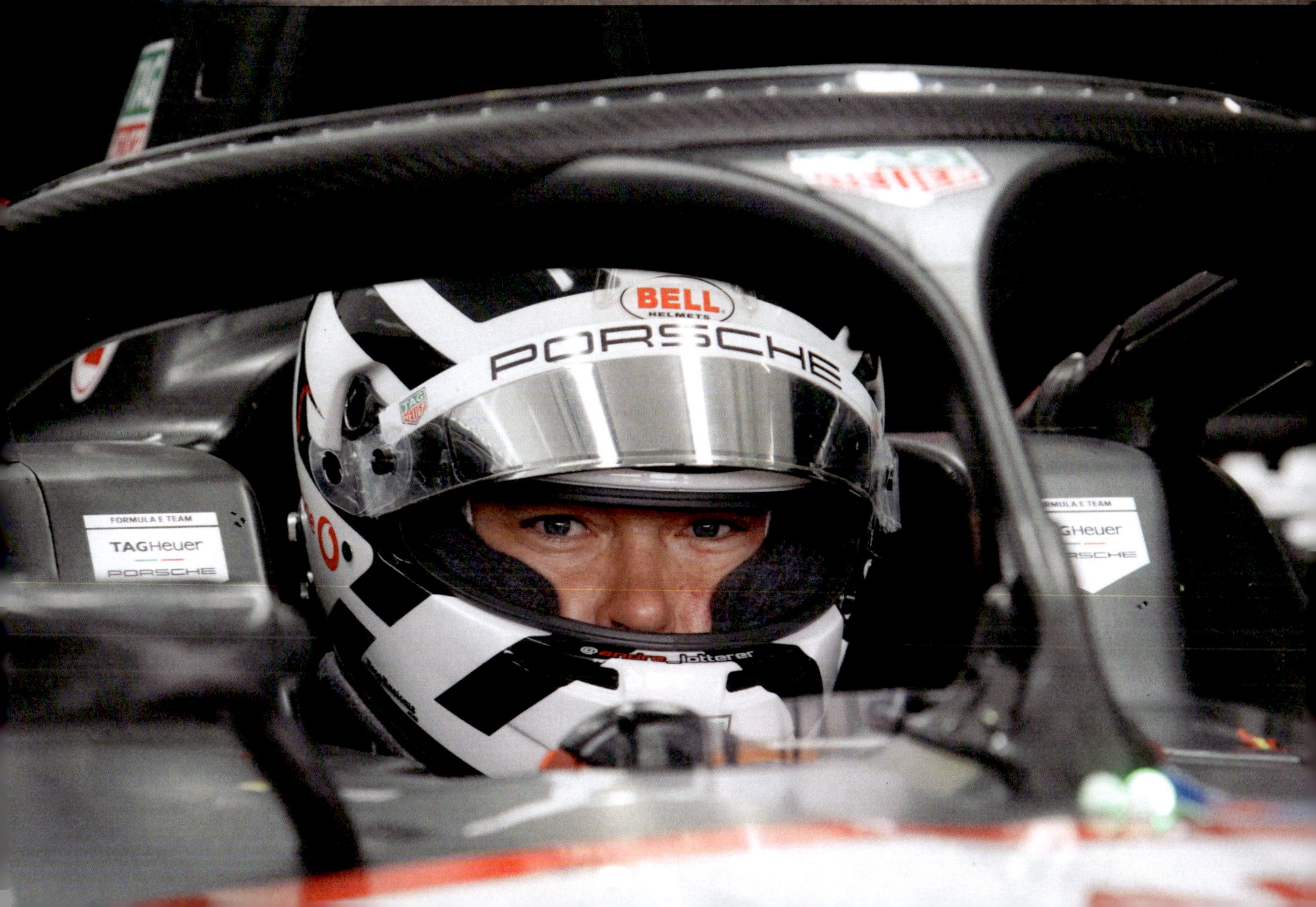
BELL
HELMETS
PORSCHE
FORMULA E TEAM
TAGHeuer
PORSCHE

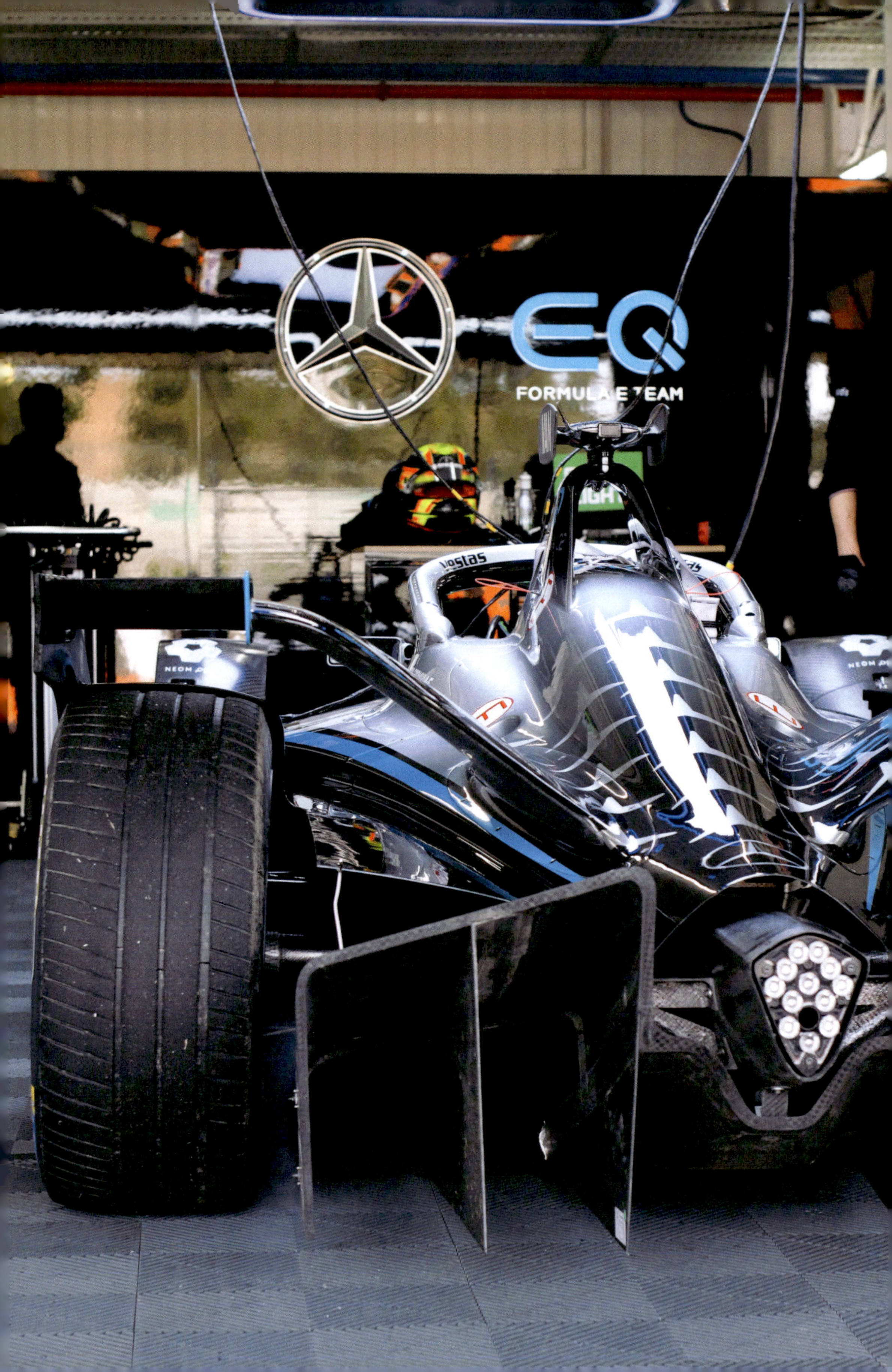
EQ
FORMULA E TEAM

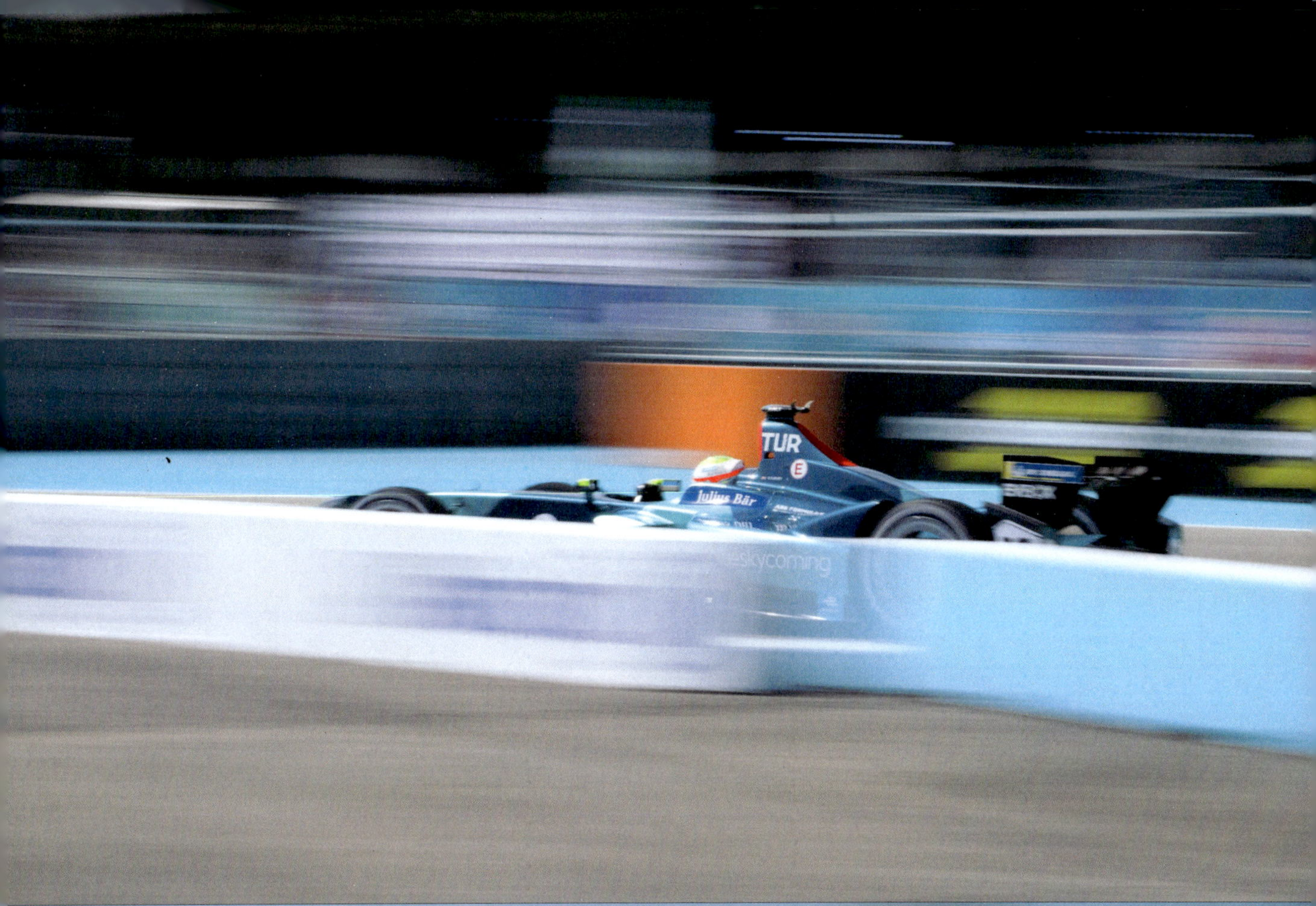
TUR
Julius Bär

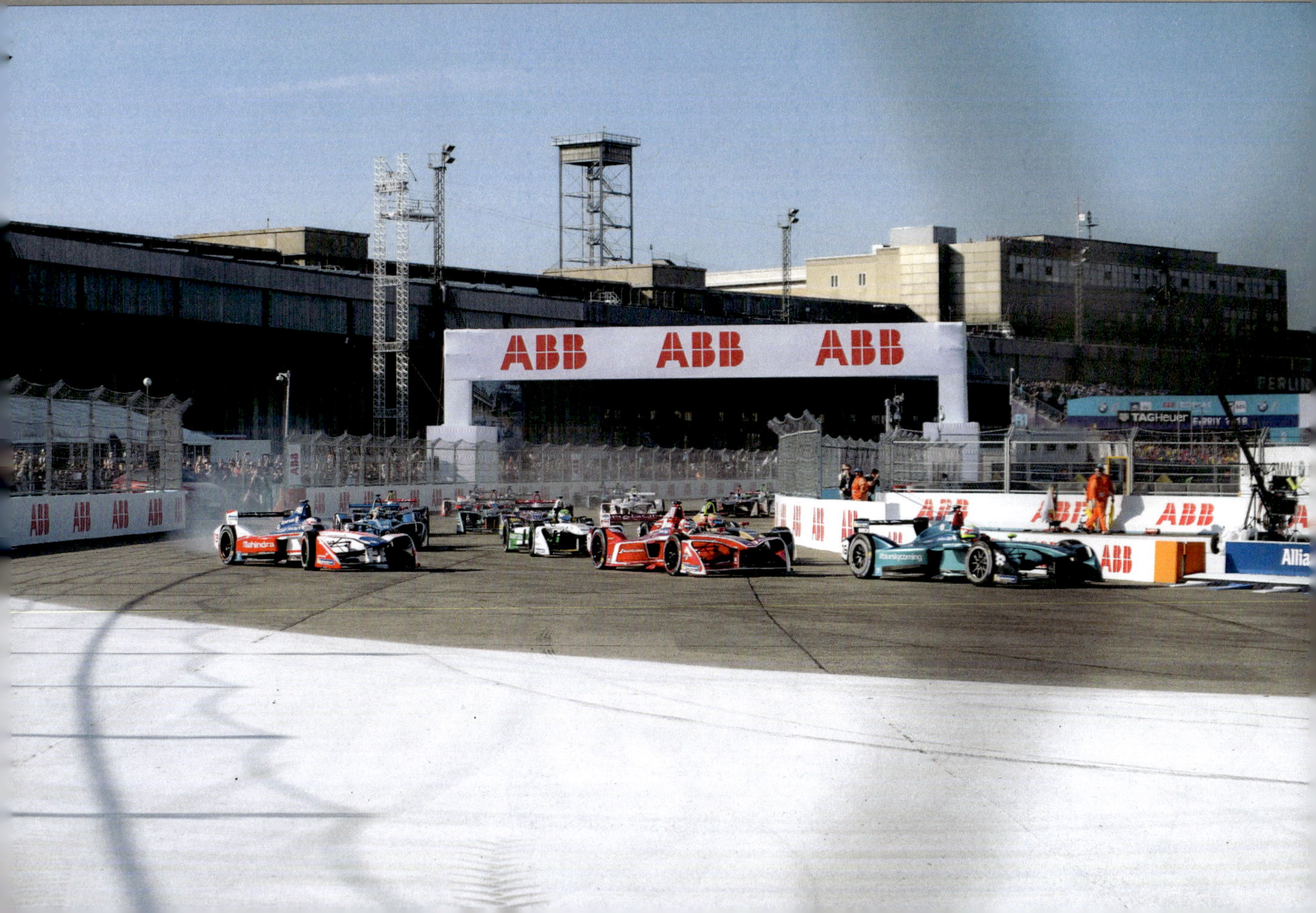
ABB ABB ABB
TAGHeuer

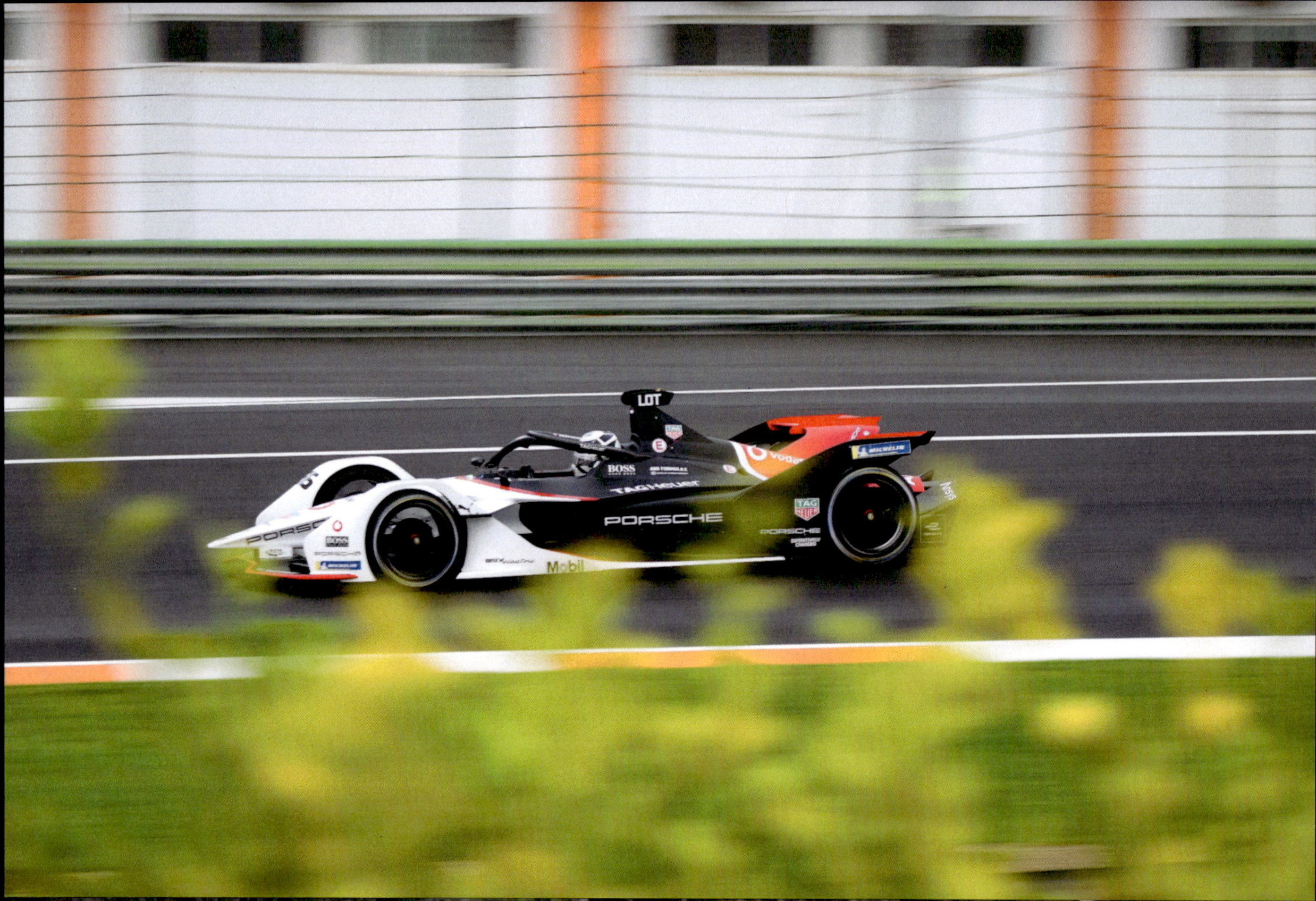
LOT
PORSCHE
BOSS
Mobil

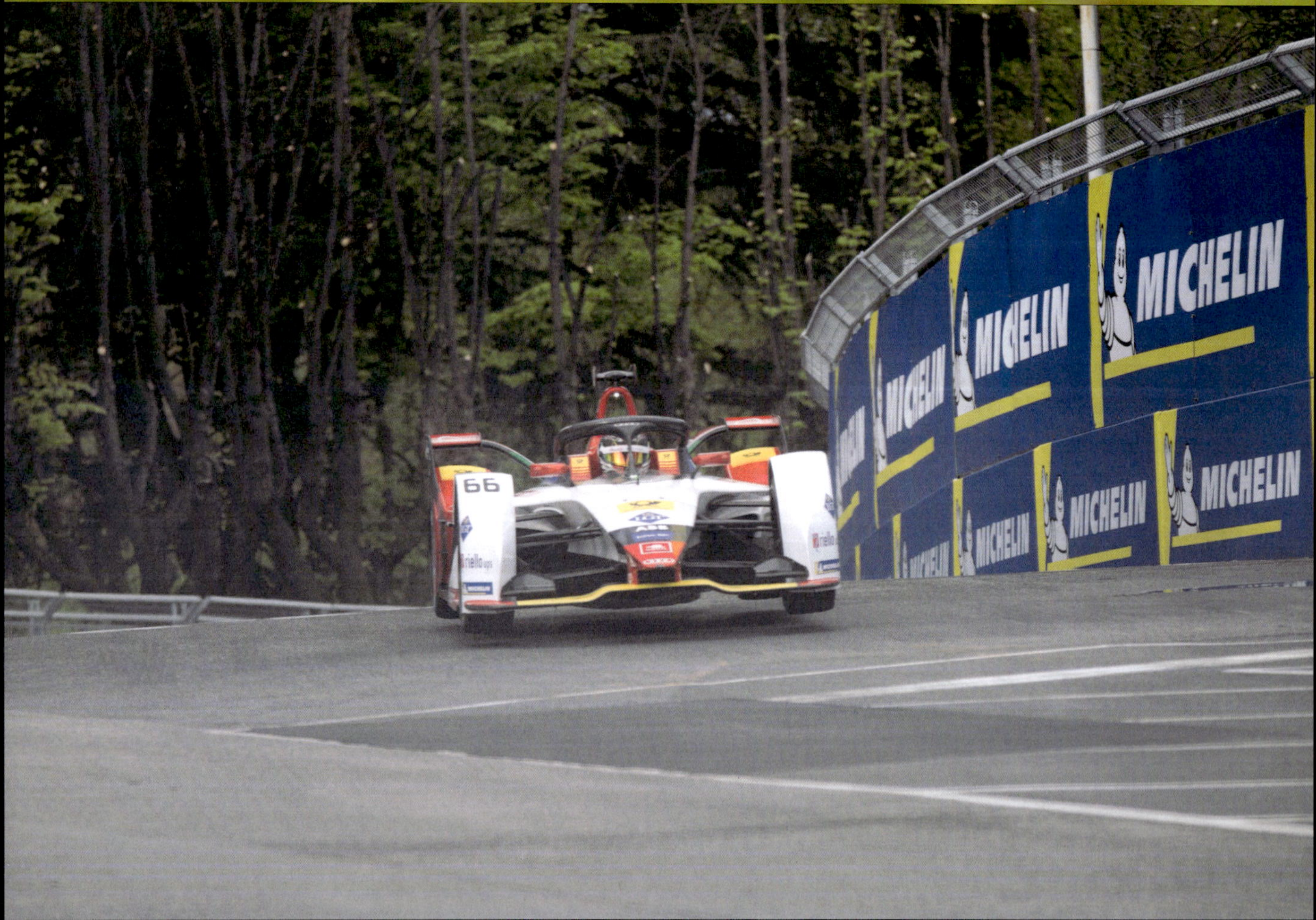
MICHELIN
66

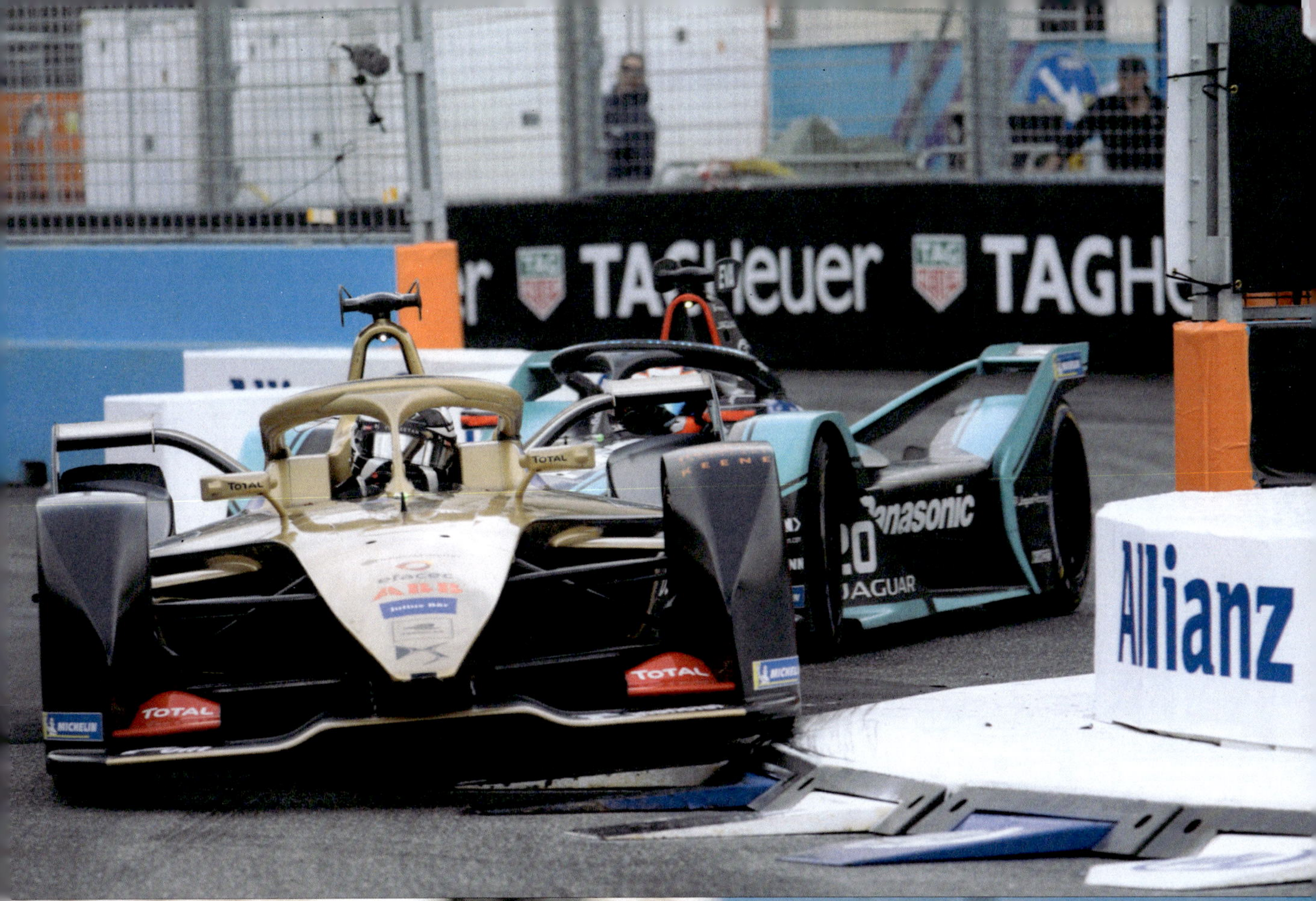
Allianz
TOTAL
TOTAL
JAGUAR

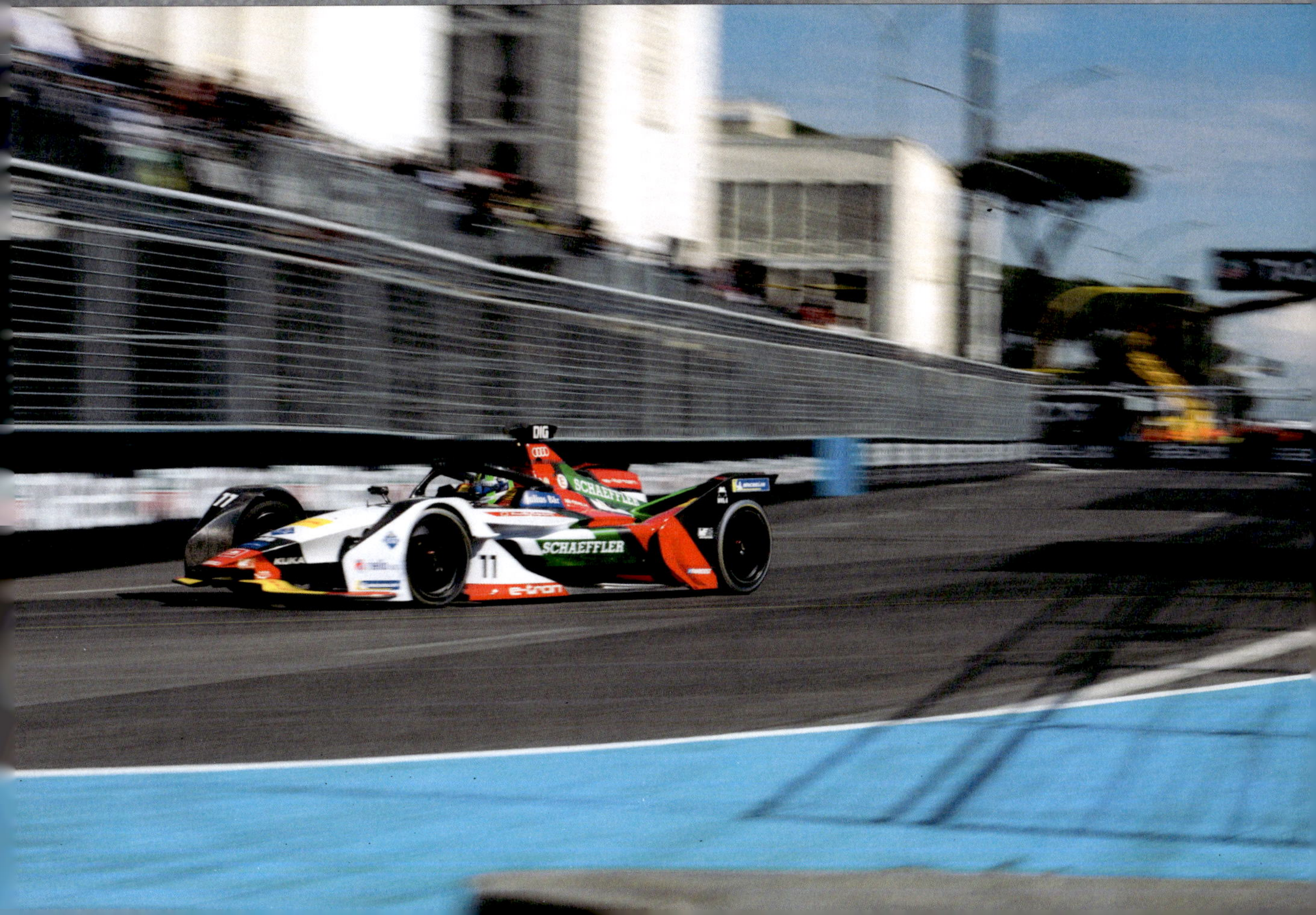
SCHAEFFLER
11
e-tron

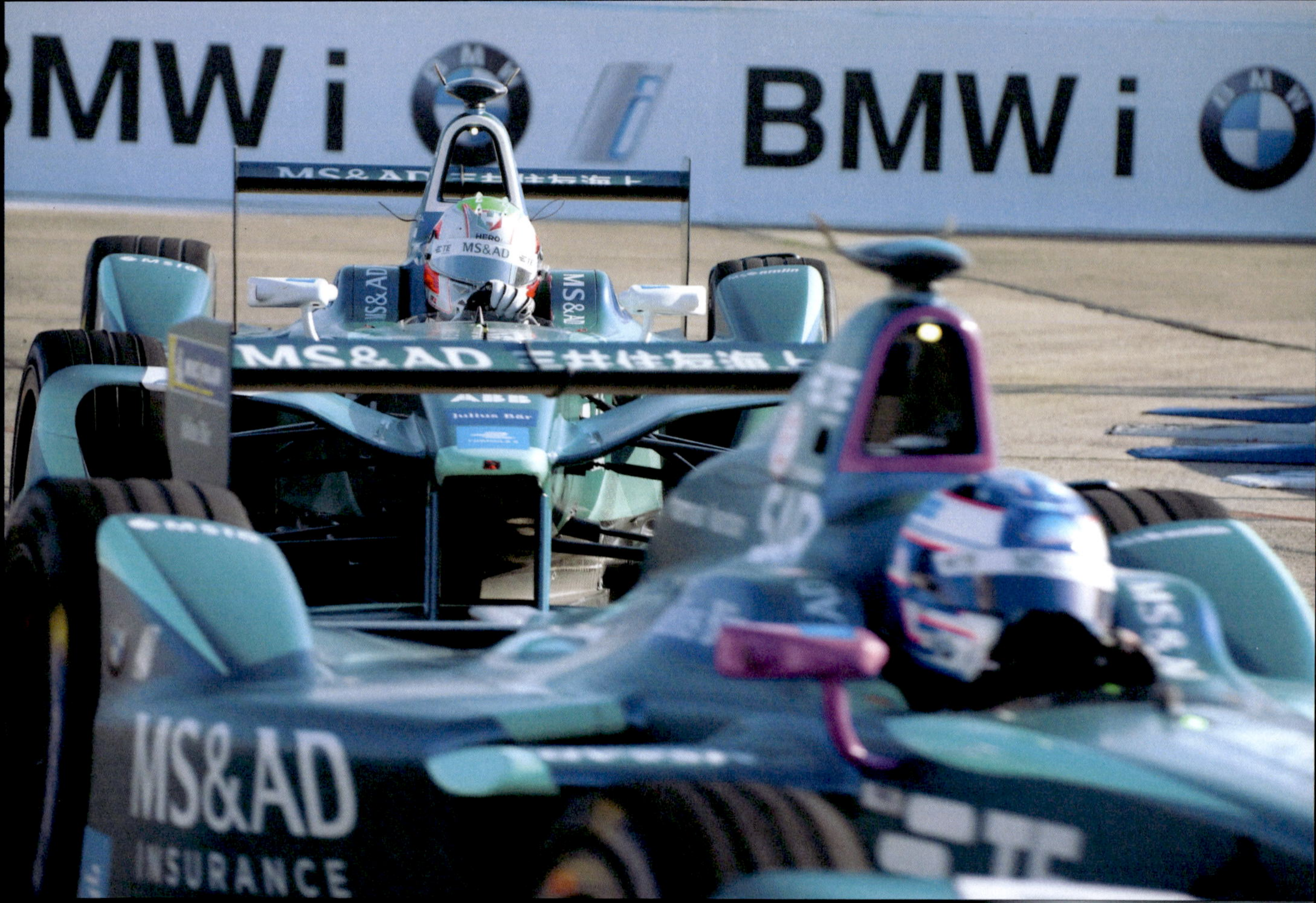
BMW i
BMW i
MS&AD
MS&AD
MS&AD
INSURANCE
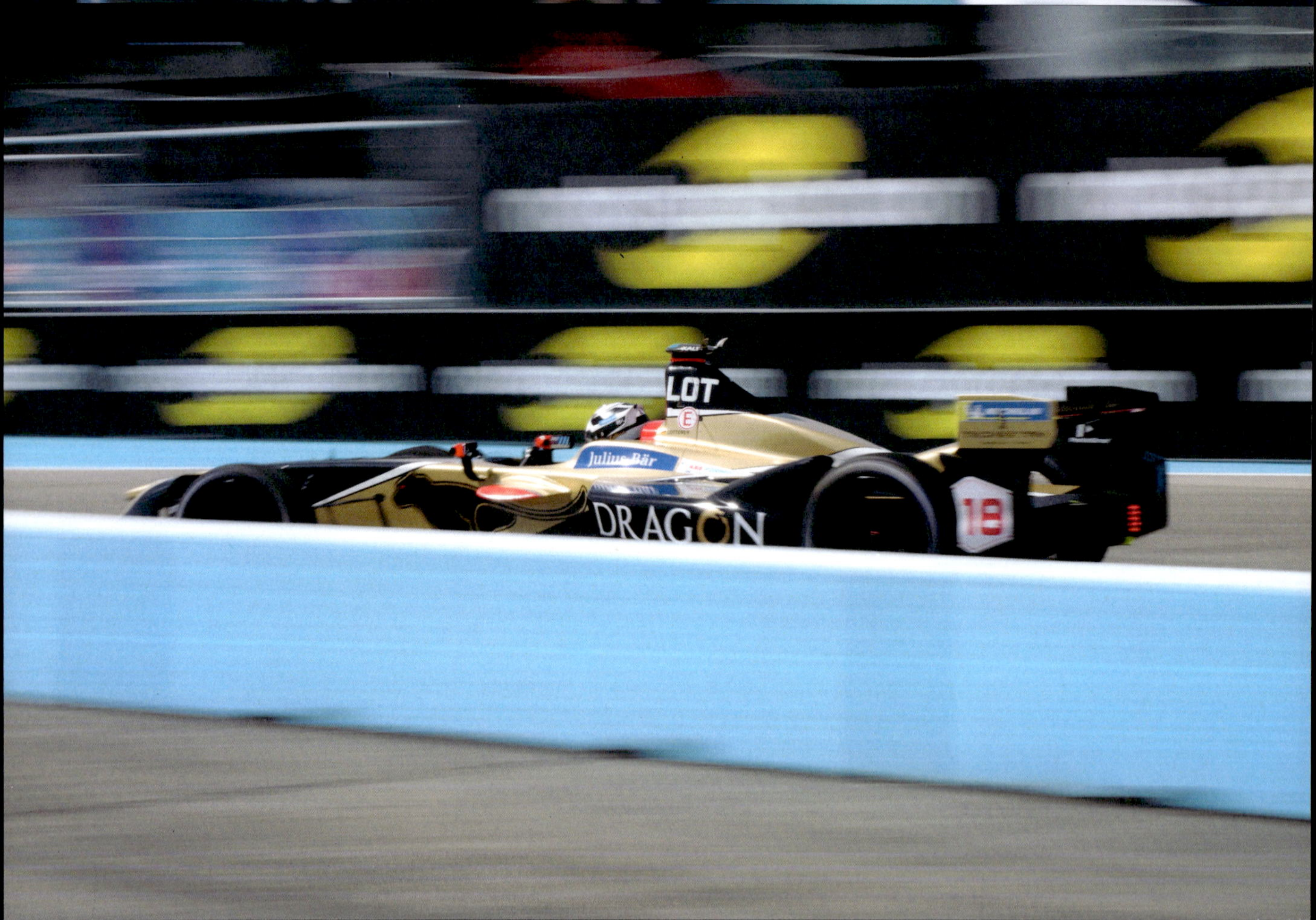
LOT
Julius Bär
DRAGON
18

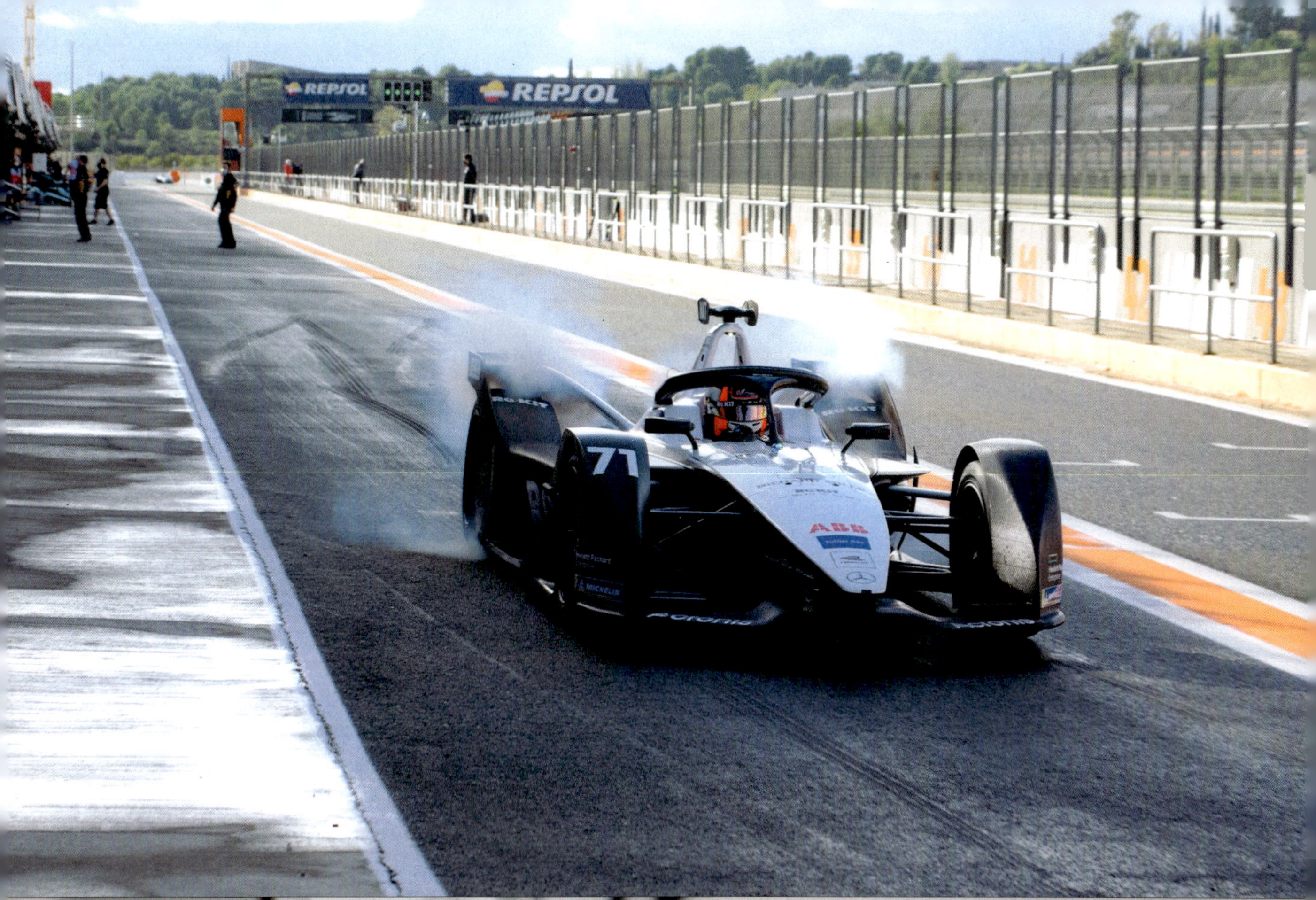
REPSOL
REPSOL
ABB

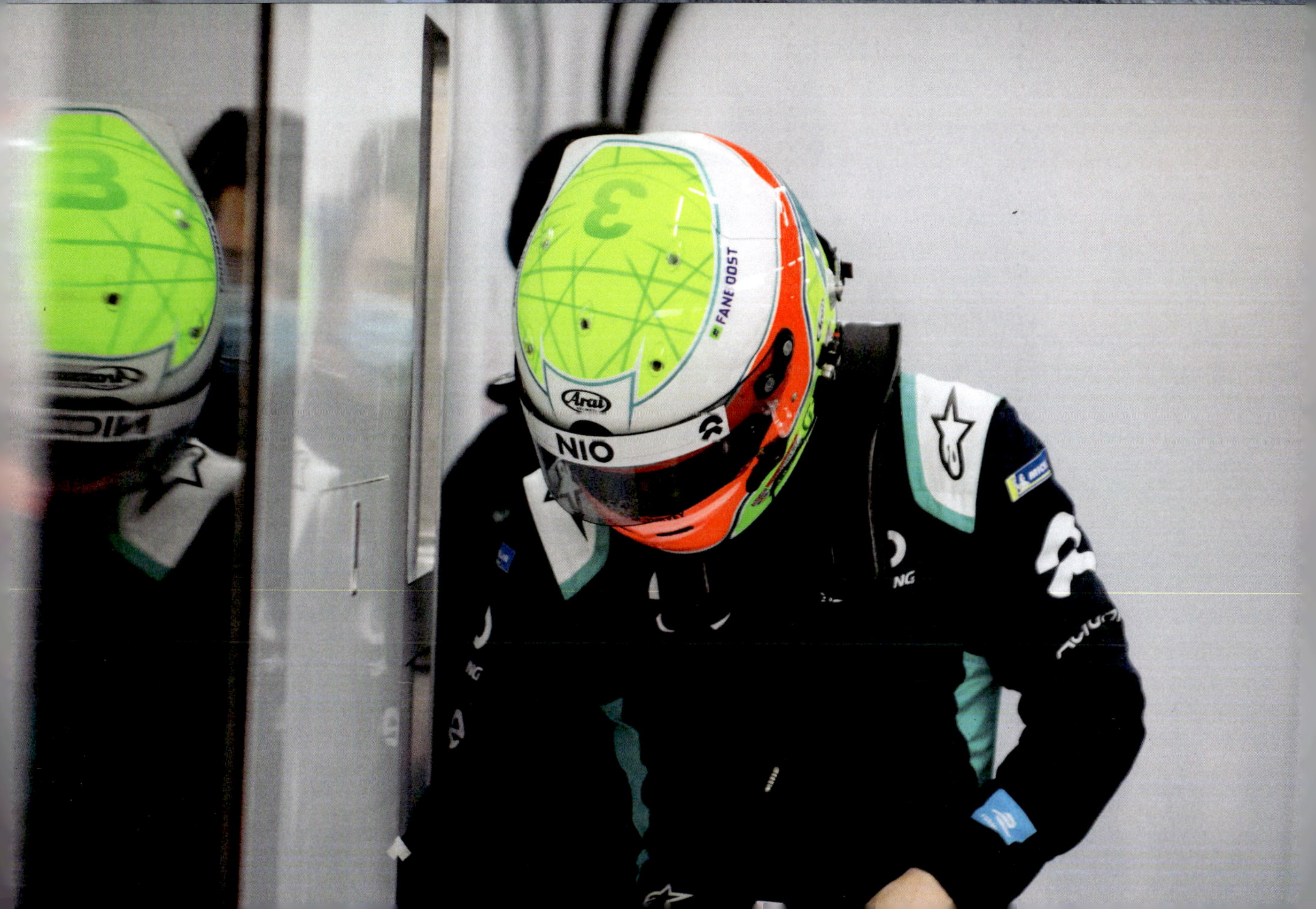
FANE OOST
Arai
NIO

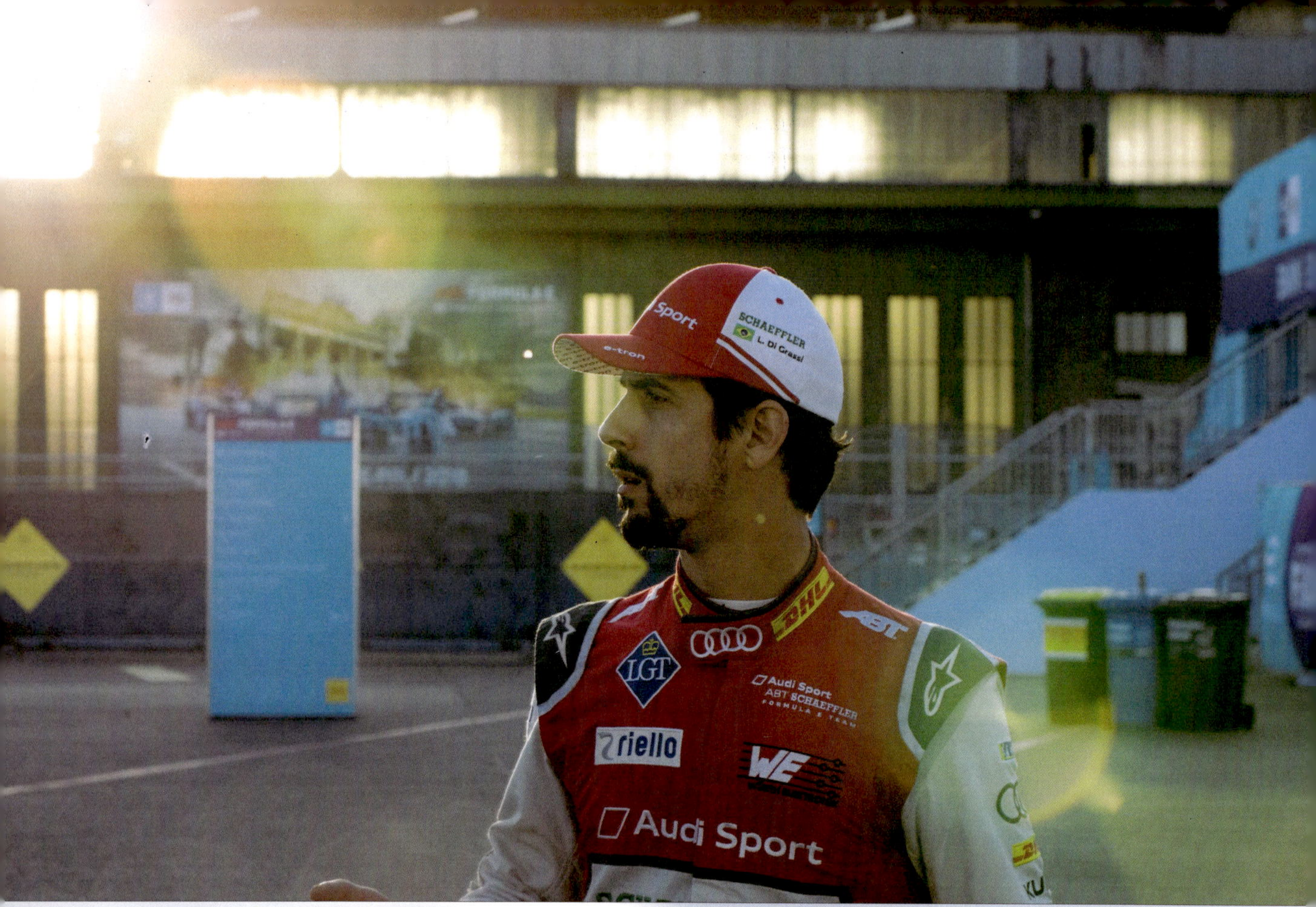
SCHAEFFLER
L. Di Grassi
DHL
ABT
IGT
Audi Sport
ABT SCHAEFFLER
riello
Audi Sport

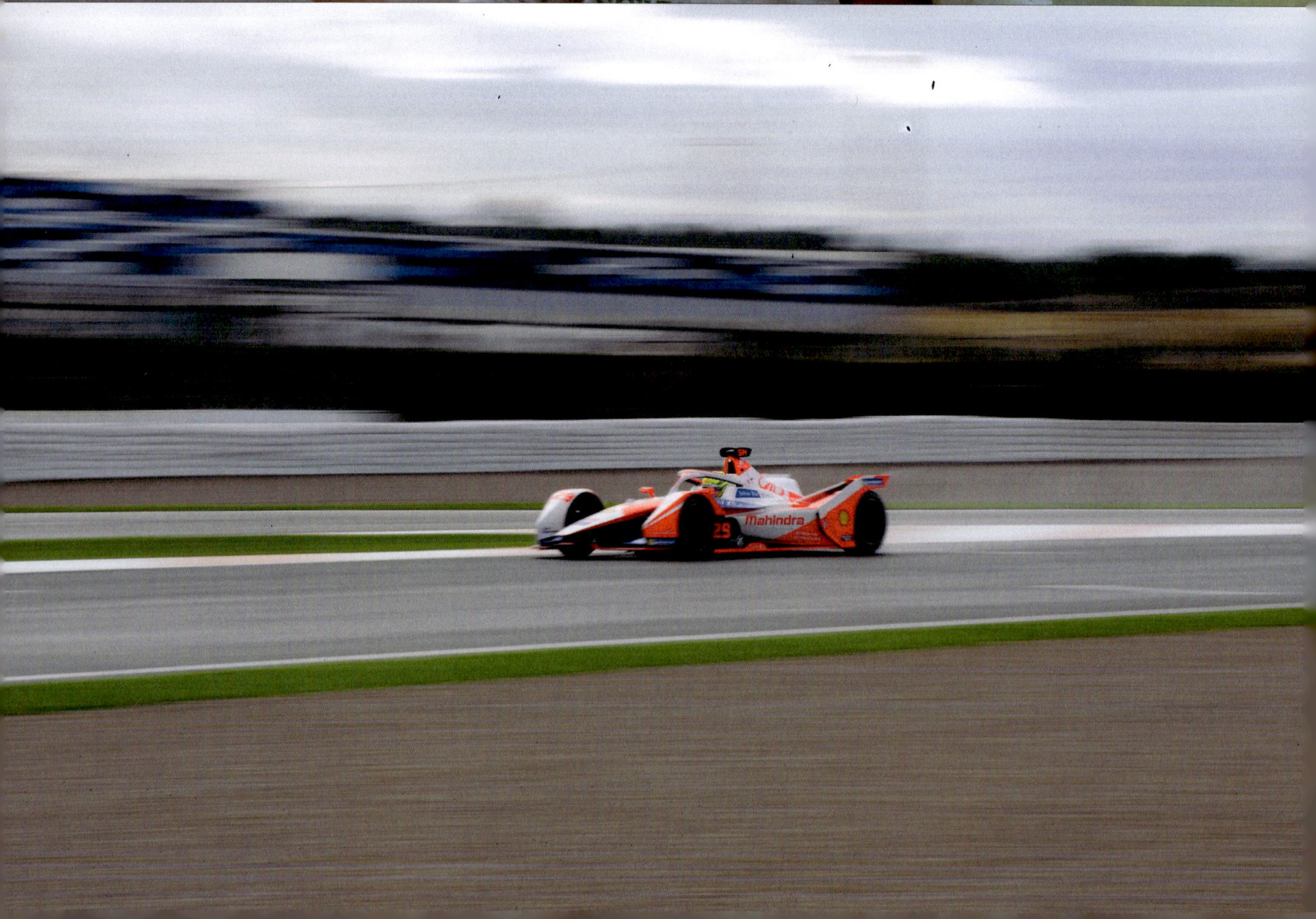
Mahindra

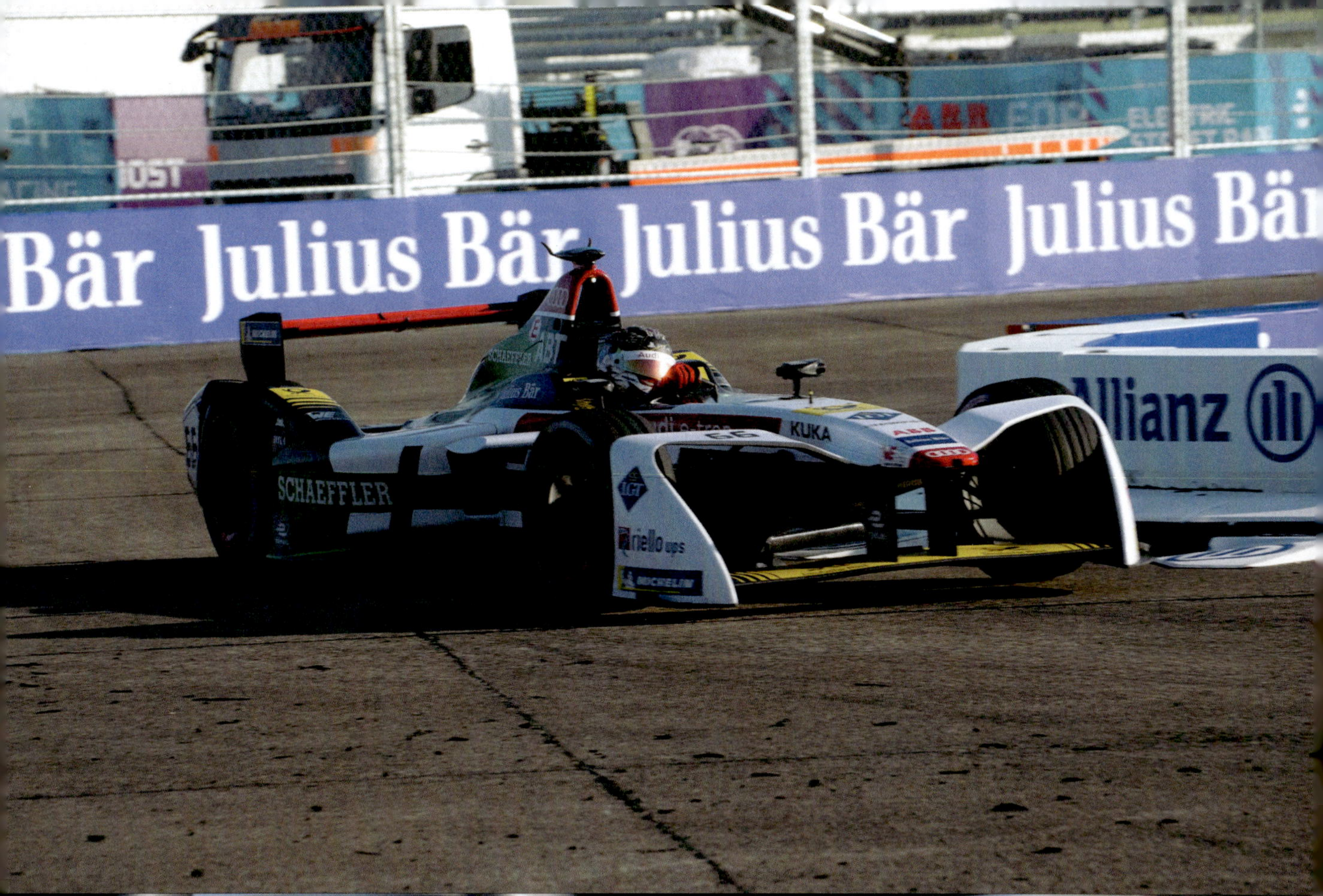
Bär Julius Bär Julius Bär Julius Bär
Allianz
SCHAEFFLER
KUKA
riello ups
MICHELIN

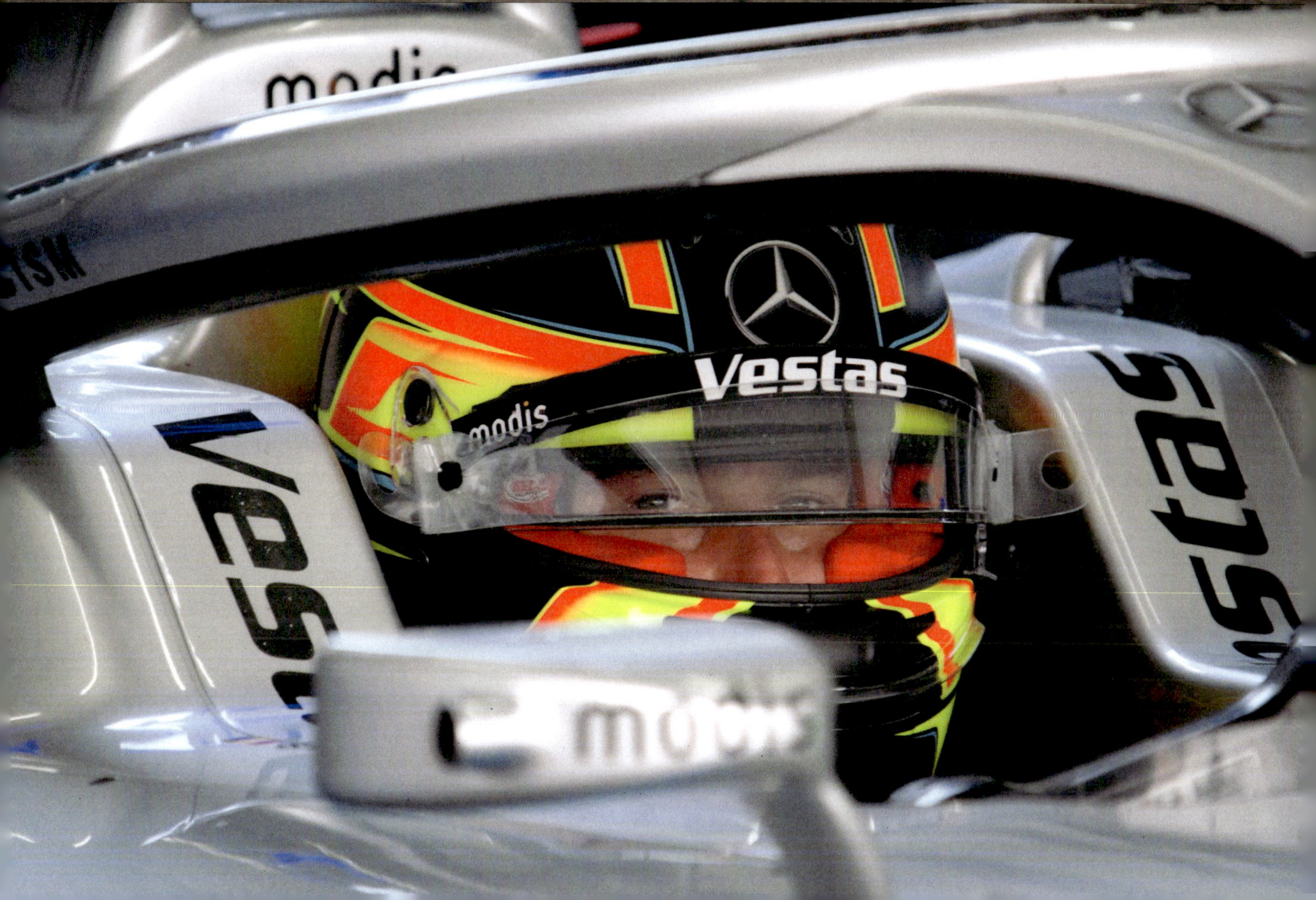
modis
Vestas
modis

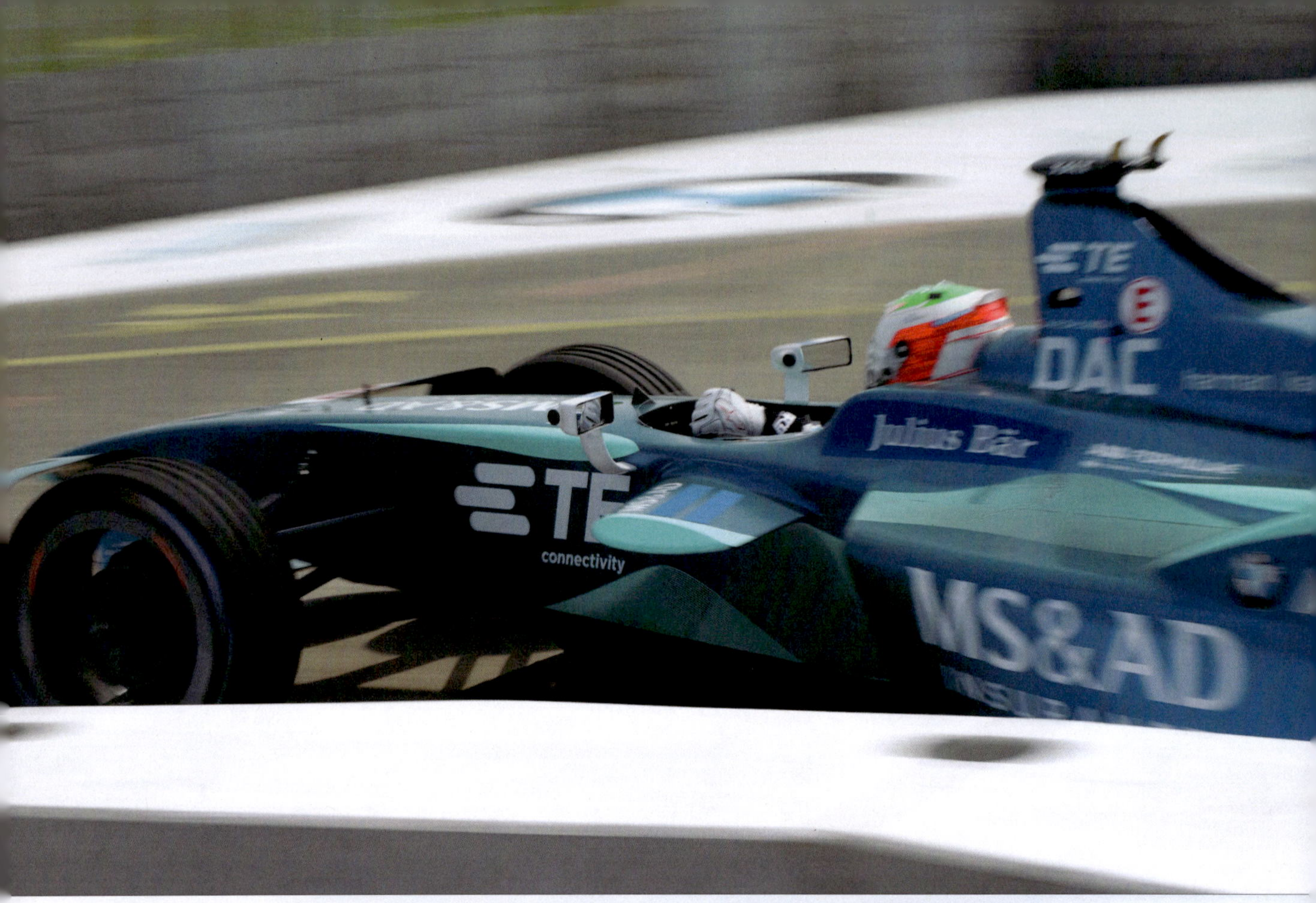
TE
connectivity
TE
DAC
Julius Bär
MS&AD

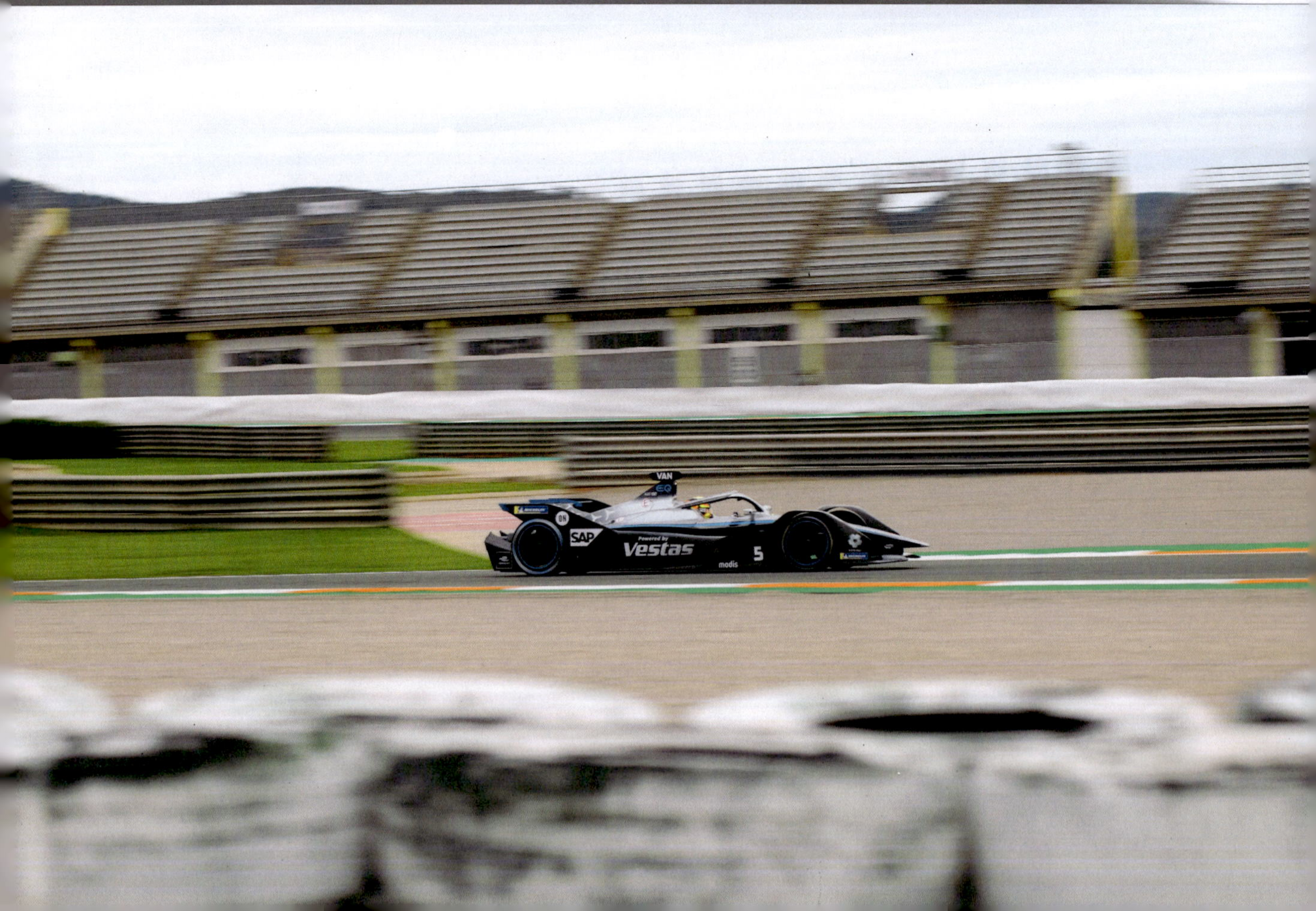
SAP
Vestas
5

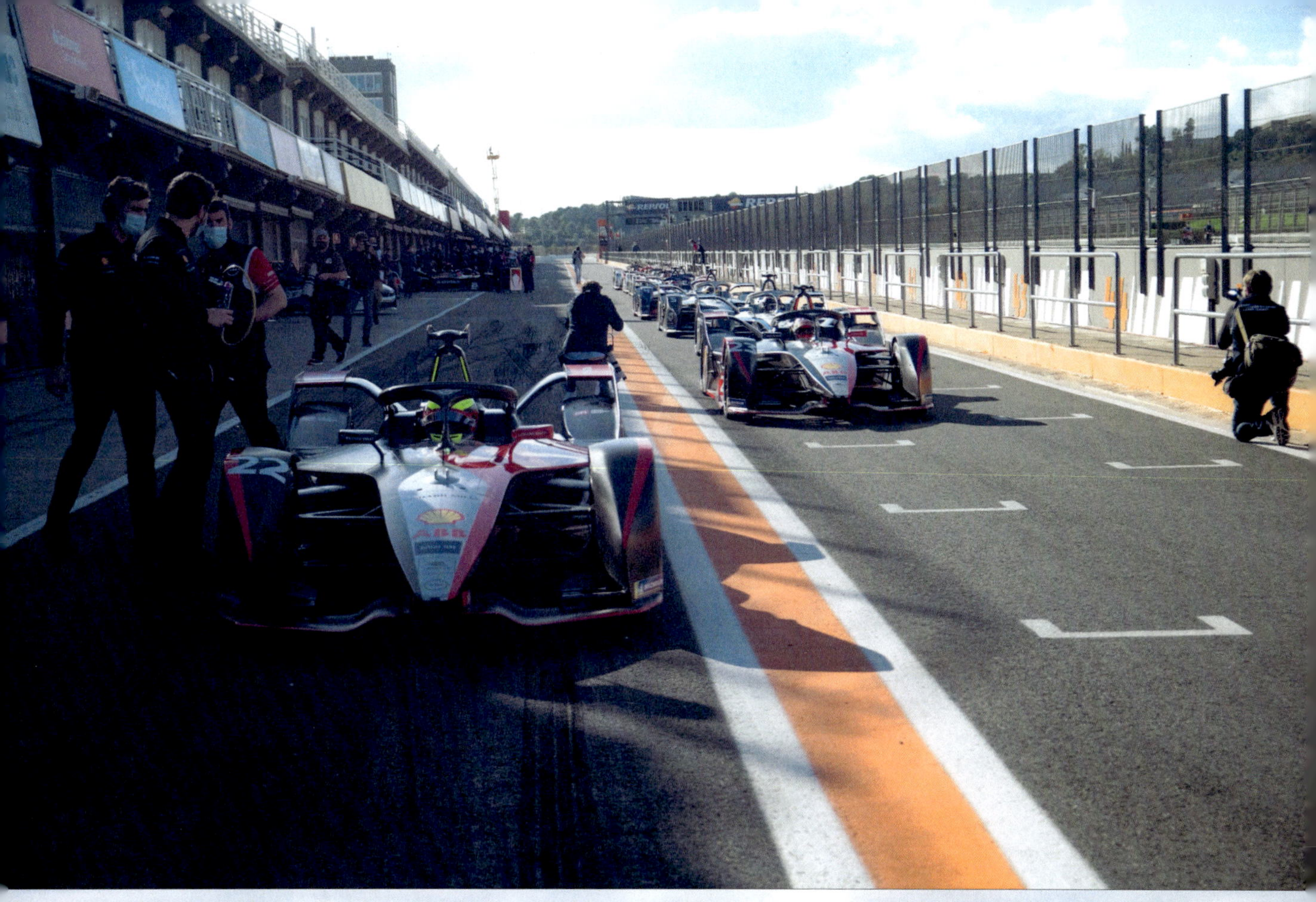
22

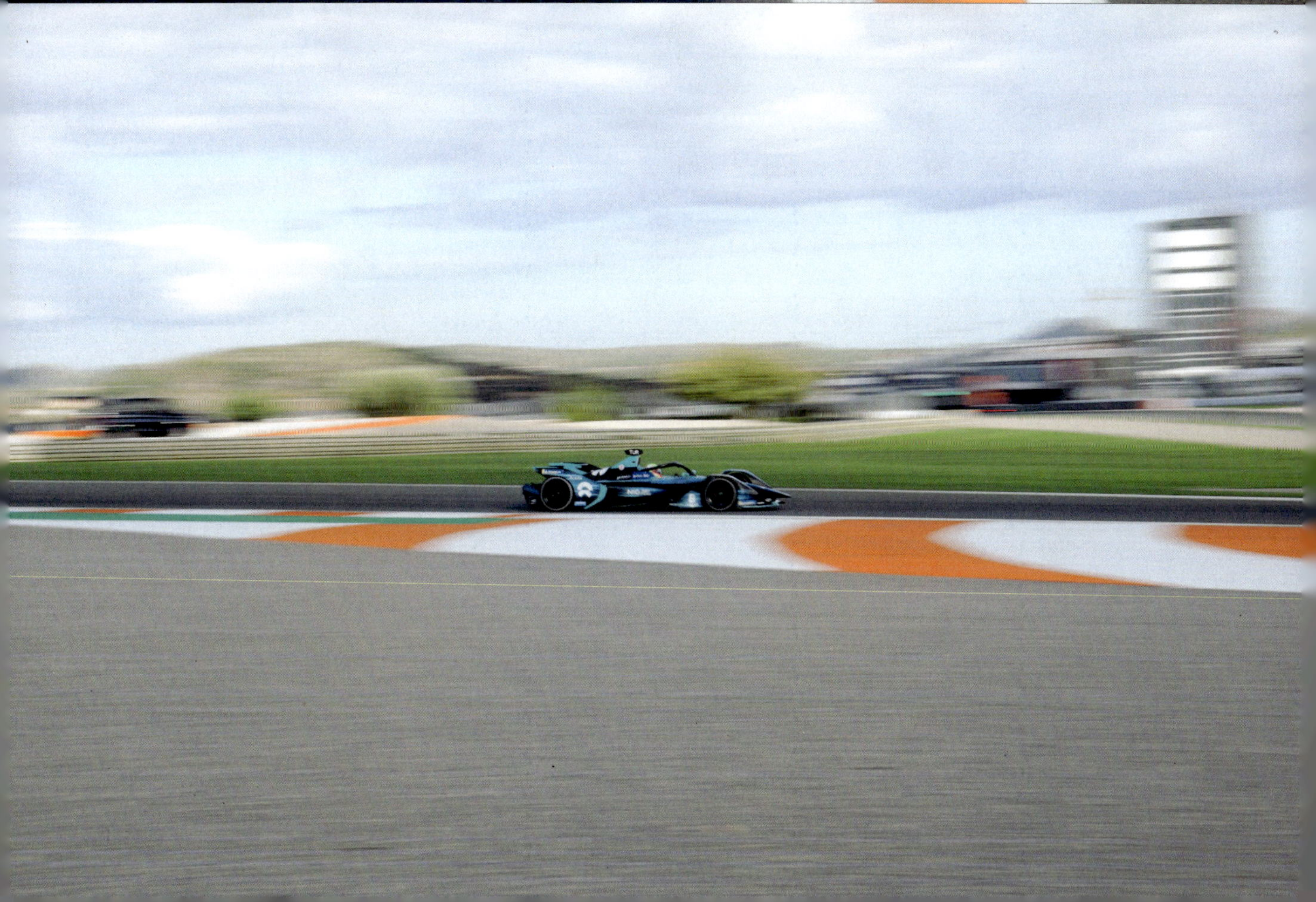

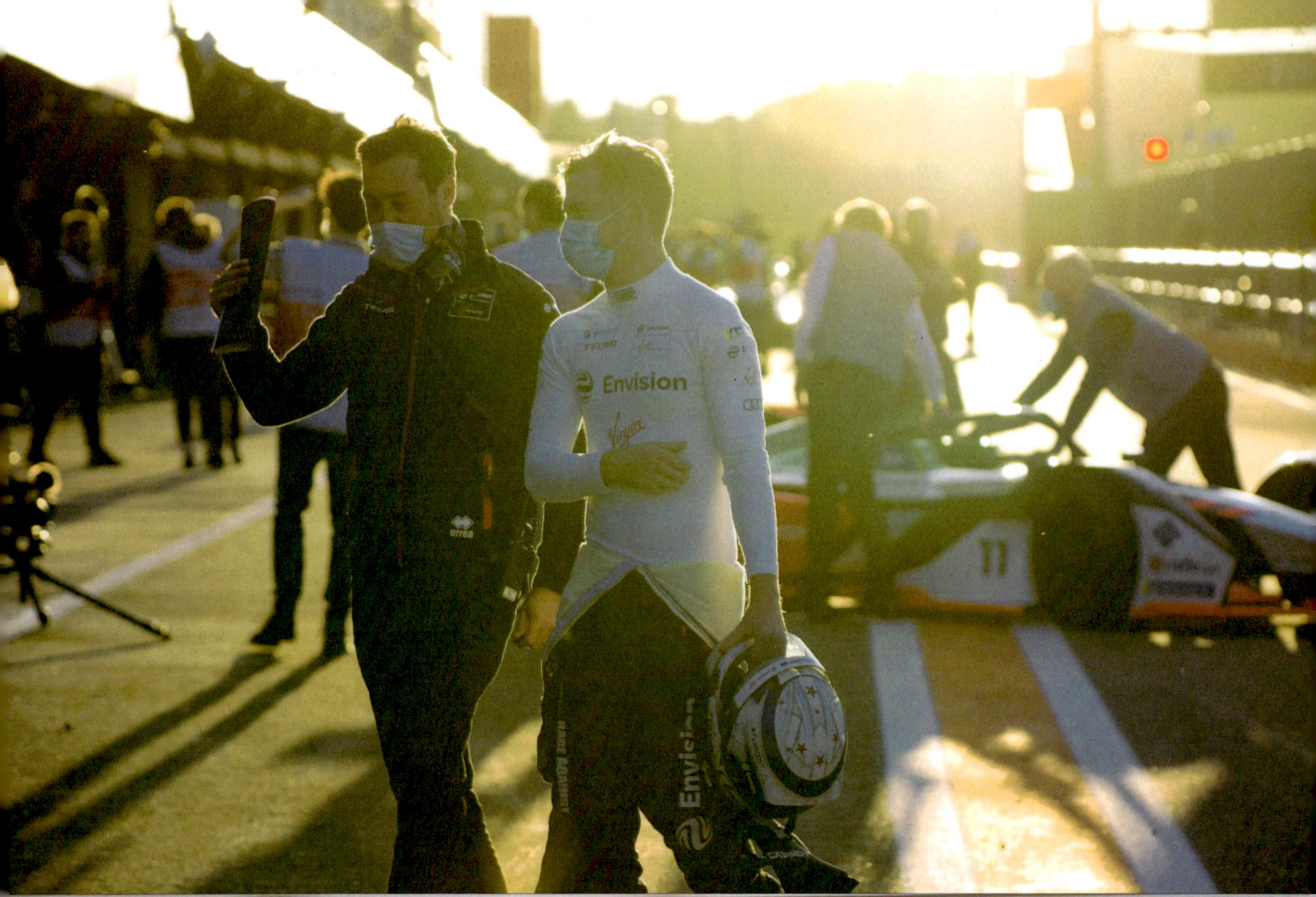
Envision
Virgin
11
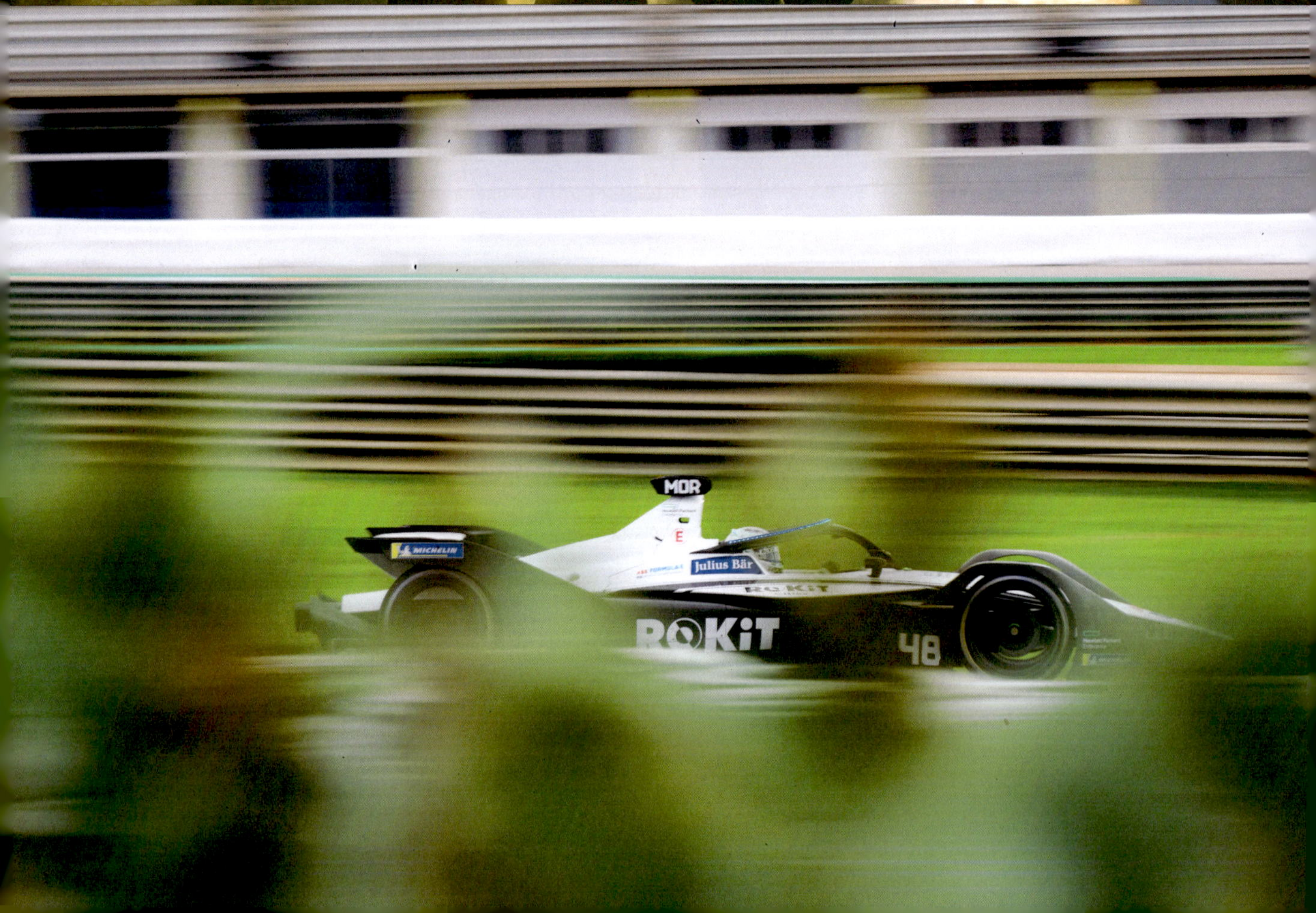
MOR
MICHELIN
Julius Bär
ROKiT
48

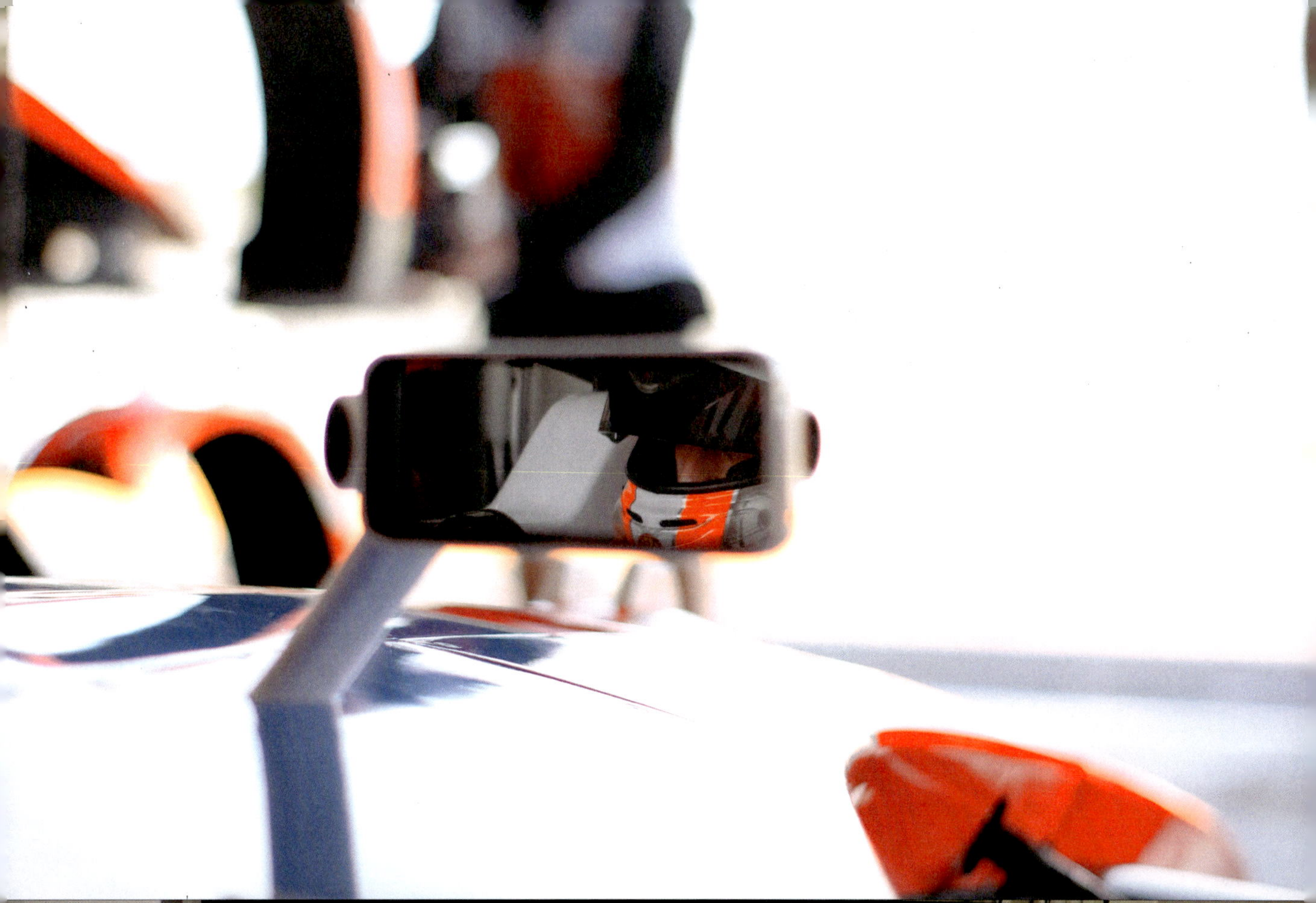

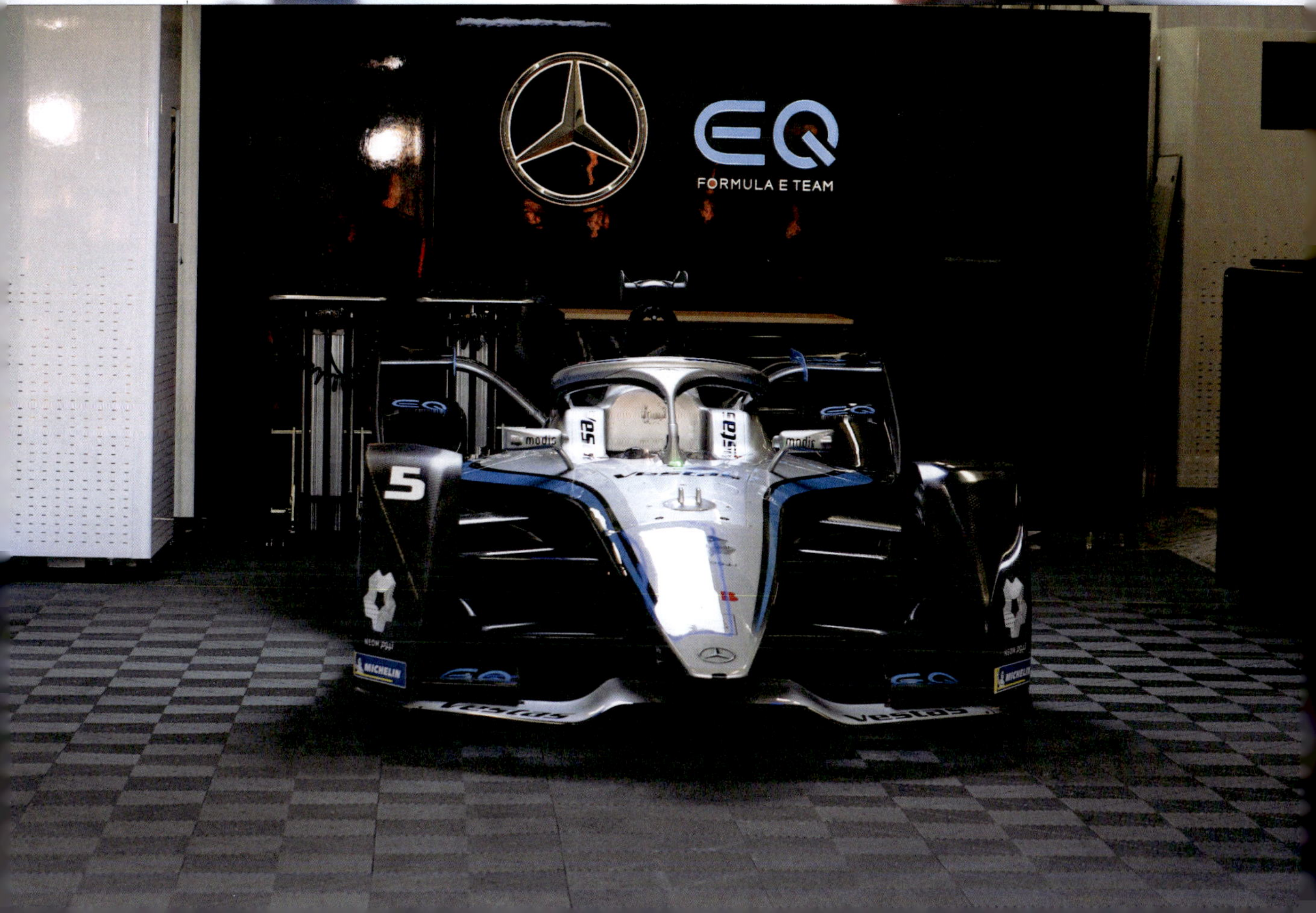
EQ
FORMULA E TEAM
5
MICHELIN

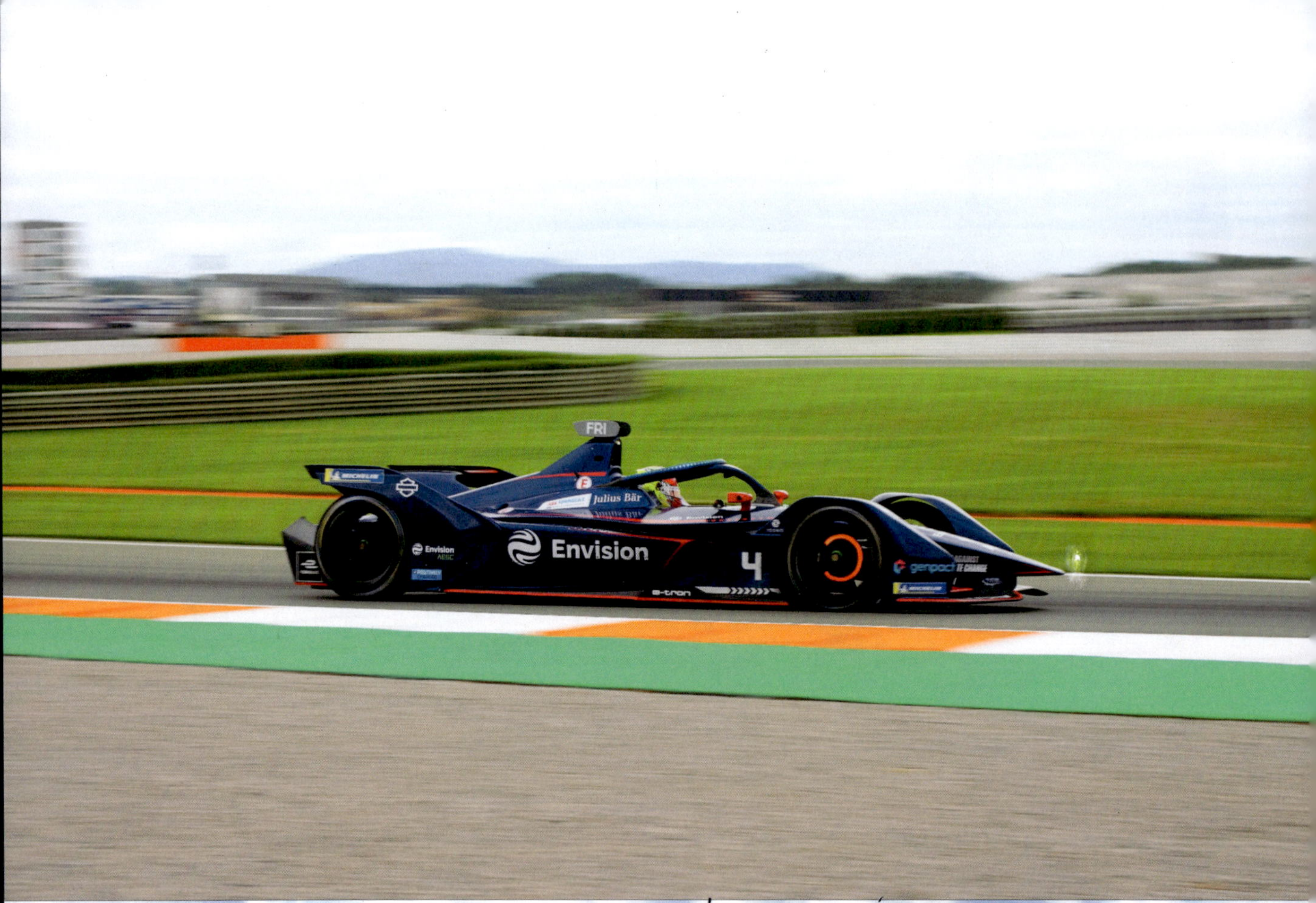
FRI
Julius Bär
Envision
4

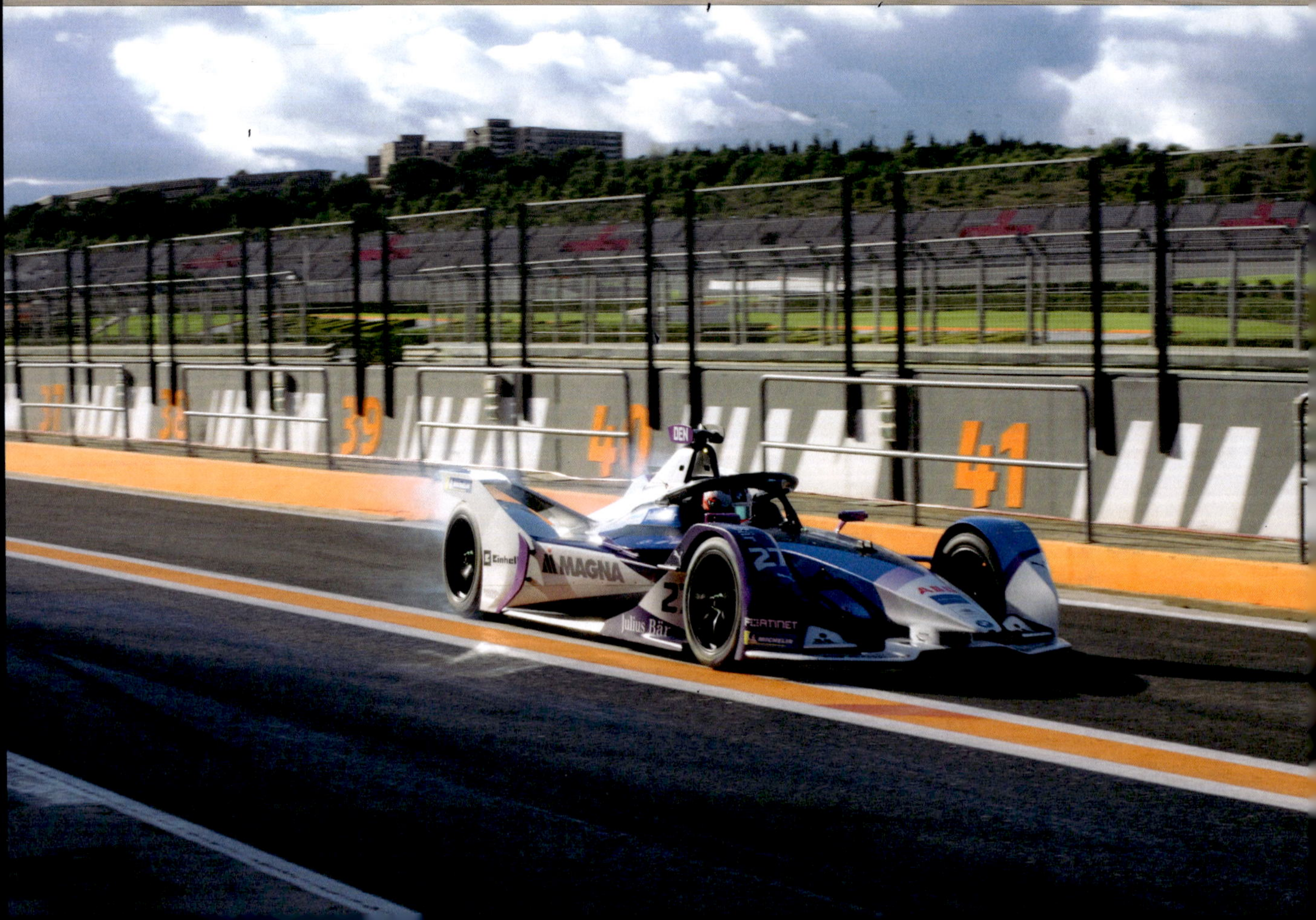
39
40
41
DEN
MAGNA
Julius Bär

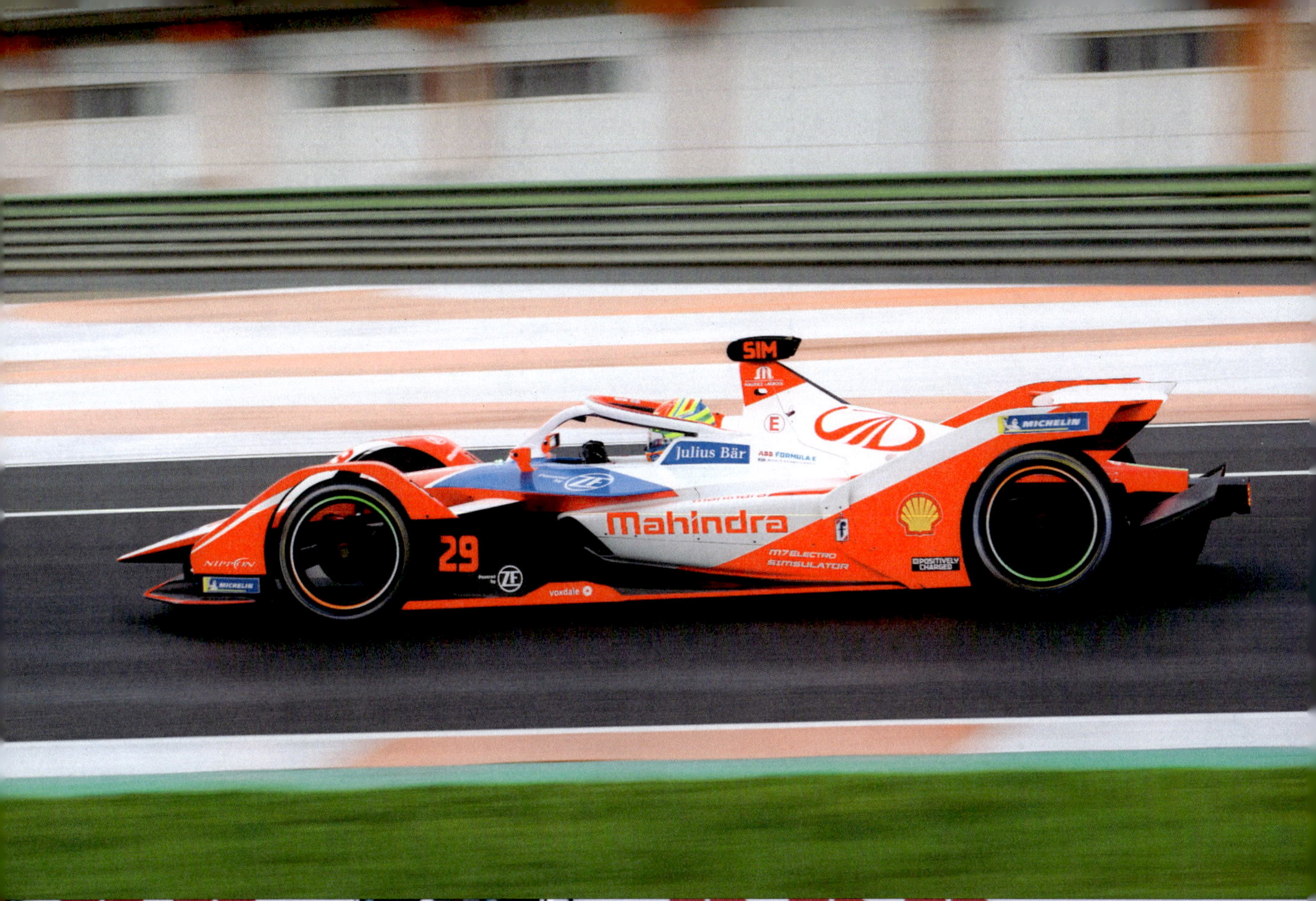
SIM
Julius Bär
Mahindra
29
MICHELIN

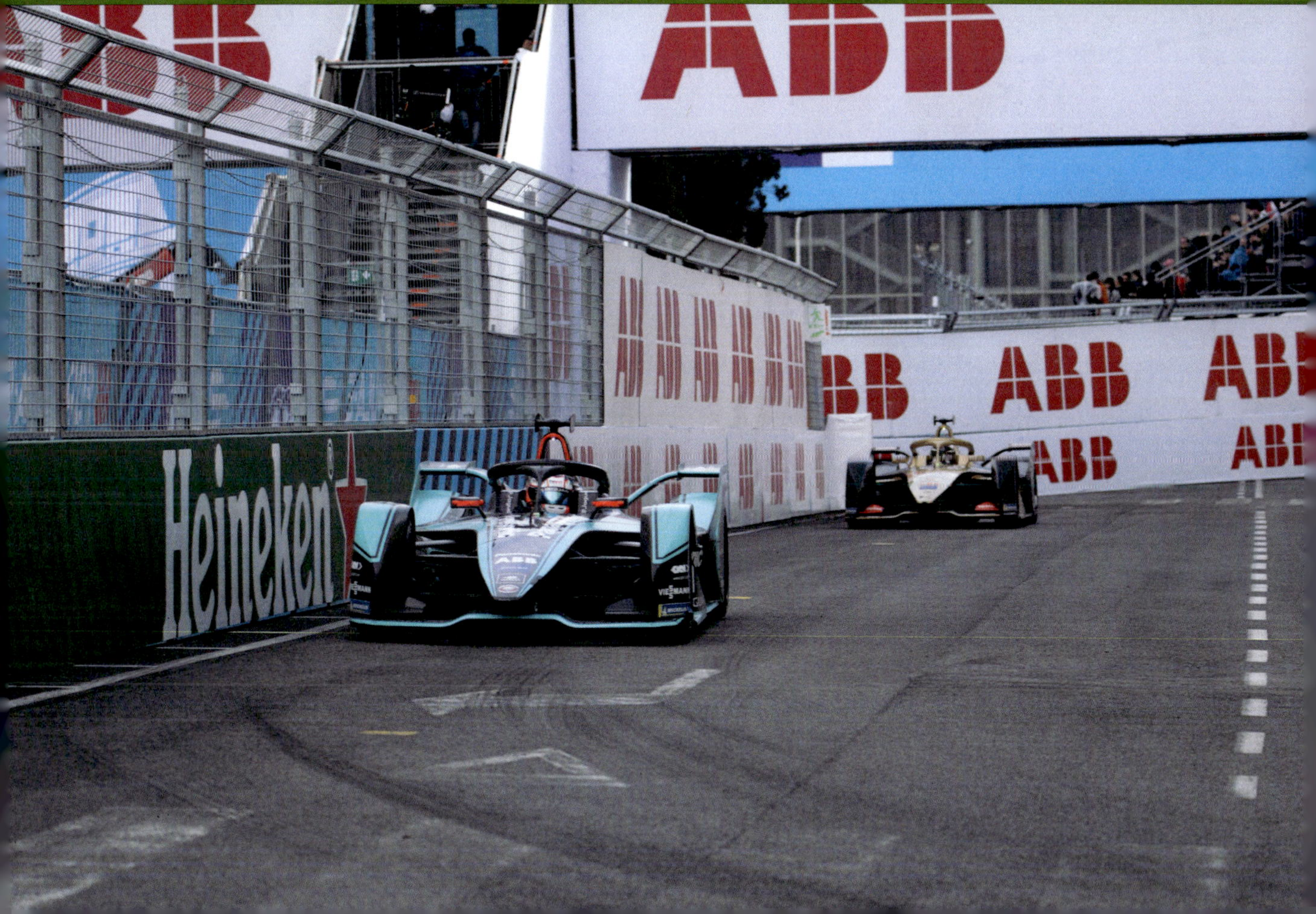
ABB
Heineken

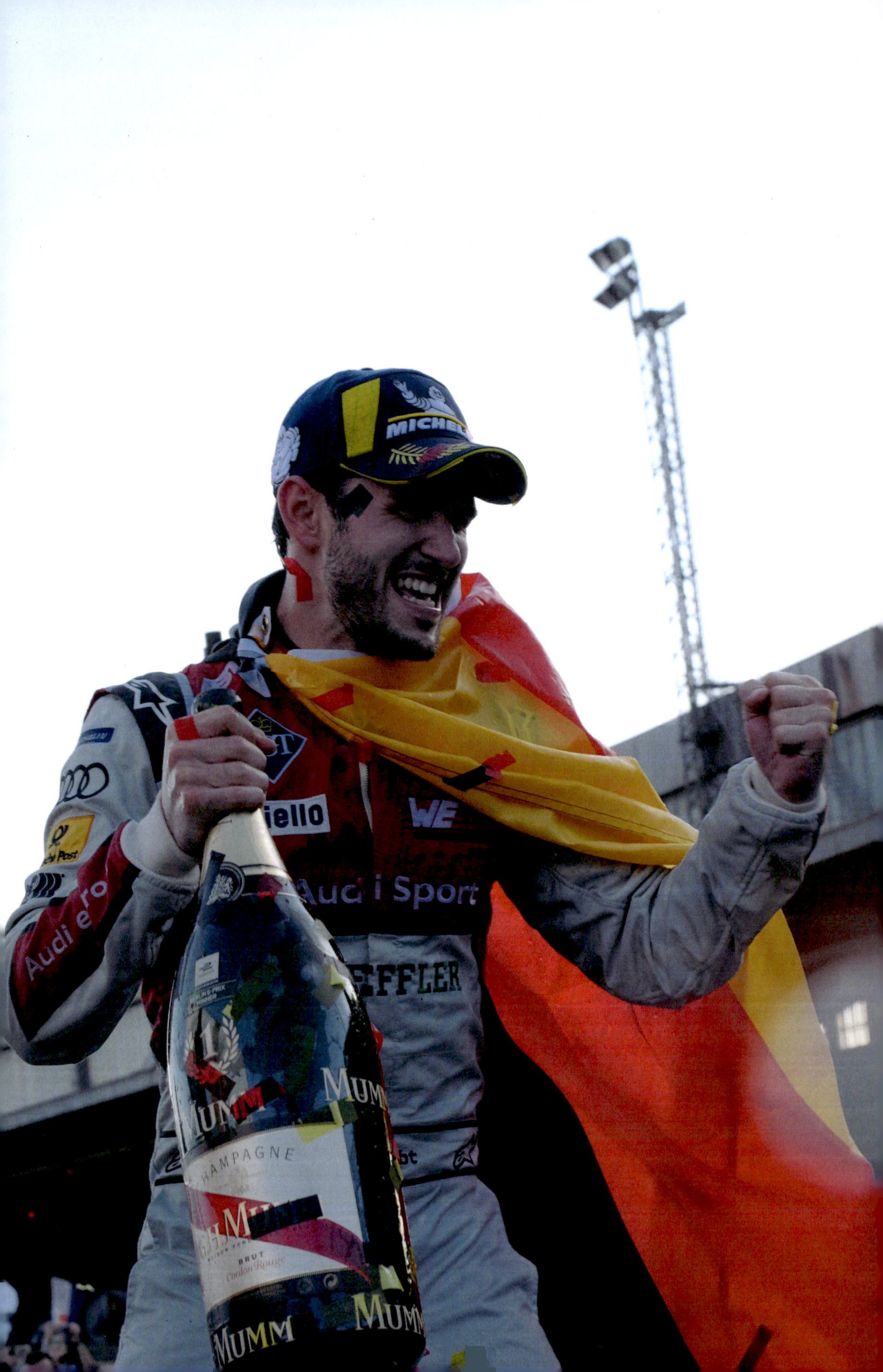
Audi Sport
WE
MUMM
CHAMPAGNE
BRUT
Cordon Rouge
MUMM
MUMM

www.ingramcontent.com/pod-product-compliance
Lightning Source LLC
Chambersburg PA
CBRC100747200526
45159CB00027B/3099

* 9 7 8 1 0 3 4 4 6 0 1 8 3 *